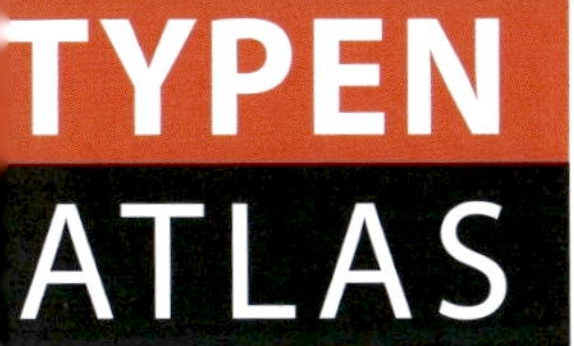

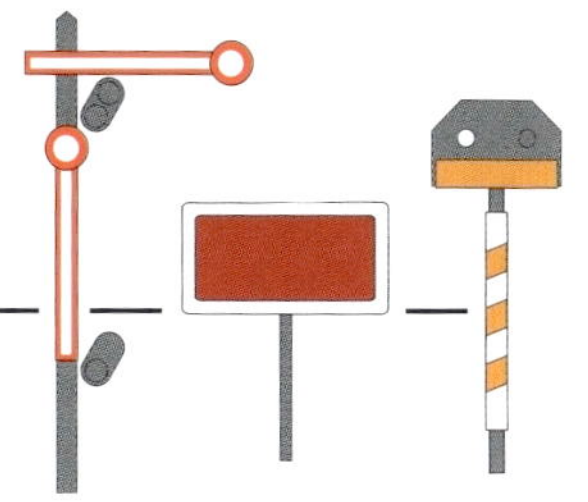

Signale der deutschen Eisenbahnen

Uwe Miethe

Verantwortlich: Andreas Ritz
Satz: Silke Schüler
Korrektorat: Manuel Miserok
Einbandgestaltung: Ralph Hellberg
Repro: LUDWIG:media
Herstellung: Elke Mader

Printed in Poland by CGS Printing

Unser komplettes Programm finden Sie unter

★★★★★

Sind Sie mit diesem Titel zufrieden? Dann würden wir uns über Ihre Weiterempfehlung freuen. Erzählen Sie es im Freundeskreis, berichten Sie Ihrem Buchhändler, oder bewerten Sie bei Onlinekauf. Und wenn Sie Kritik, Korrekturen, Aktualisierungen haben, freuen wir uns über Ihre Nachricht an GeraMond Media, Postfach 40 02 09, D-80702 München oder per E-Mail an lektorat@verlagshaus.de.

In diesem Buch wird aus Gründen der besseren Lesbarkeit das generische Maskulinum verwendet. Weibliche und anderweitige Geschlechteridentitäten werden dabei ausdrücklich mitgemeint, soweit es für die Aussage erforderlich ist.

2. aktualisierte Auflage des Titels
ISBN 978-3-98702-031-5
und aktualisierte Neuauflage des Titels
ISBN 978-3-86245-029-9

Bildnachweis: Volker Emersleben: 31 u.;
Rolf Orschel: 53 beide, 54, 55;
Hans Traube: 35 o., 87 o., 89.
Alle anderen Fotos im Buch und auf dem Umschlag stammen von Uwe Miethe.

Die Deutsche Nationalbibliothek verzeichnet diese Publikation in der Deutschen Nationalbibliografie; detaillierte bibliografische Daten sind im Internet über http://dnb.d-nb.de abrufbar.

Titelbild: Ausfahrt aus München Hbf, Starnberger Flügelbahnhof, auf „Hp 2" und „Vr 1".

Bild auf Seite 4/5: Ein aus zwei ICE 2 bestehender ICE verlässt den Bahnhof Augsburg.

Bild auf Seite 16/17: Formsignale im Bahnhof Villingen (Schwarzw.).

Bild auf Seite 142/143: Tunnel „Göggelsbuch" mit zugehörigem Orientierungszeichen.

Bild auf Seite 160: Lf-Signale und ein Orientierungszeichen in Neumarkt (Oberpfalz).

Rücktitel: Von links: Signal Lf 1 in Osterhofen, Hauptsignal „S103" in Kaiserslautern Hbf mit Hp 1 und Zs 3 für 90 km/h, ETCS-Halt-Tafel Ne 14 in Jüdendorf Bbf.

Inhalt

T
670

Einführung

Gemeinsam, aber nicht vereinigt

Das aktuelle Signalbuch der DB AG in der „Aktualisierung 12" ist seit dem 15.12.2024 in Kraft. Es ist – auch mehr als drei Jahrzehnte nach der deutschen Wiedervereinigung – immer noch kein einheitliches Signalbuch, denn es enthält noch zahlreiche Vorschriften, die jeweils nur in einem Netz gelten.

Vierzig Jahre unterschiedliche Entwicklung der Signaltechnik bei den beiden ehemaligen deutschen Staatsbahnen Deutsche Bundesbahn und Deutsche Reichsbahn ließen sich bis heute immer noch nicht restlos überwinden. Das Ganze wird erschwert durch die generell lange Nutzungsdauer von Eisenbahninfrastruktur, deren Änderungen kostspielige und langwierige Unterfangen sind. Es gibt also nach wie vor Unterschiede in der Eisenbahninfrastruktur in „Ost" und „West", auch wenn diese nach und nach weniger werden.

Deshalb, und zur Vermeidung der Begrifflichkeiten „ehemalige Deutsche Bundesbahn" und „ehemalige Deutsche Reichsbahn" werden die Vermerke „DS 301" und „DV 301" für die Kennzeichnung des jeweiligen Geltungsbereichs verwendet. Die mit „DV 301" gekennzeichneten Signale sind ausschließlich in der Eisenbahninfrastruktur der fünf neuen Bundesländer und

Kombinationssignal (Ks) im Bahnhof München-Pasing in seiner typischen Bauform mit seitlichem Kragarm, welcher den Signalschirm näher ans Gleis rückt.

Berlin und die mit „DS 301“ ausschließlich in den alten Bundesländern vorzufinden.

Dieses Buch verwendet in den Überschriften und Fließtexten die Farben „Schwarz“ für die gemeinsamen Bestimmungen, „Rot“ für Bestimmungen im Geltungsbereich der „ehemaligen Deutschen Bundesbahn“ und „Blau“ für die Bestimmungen im Geltungsbereich der „ehemaligen Deutschen Reichsbahn“.

Erläuterungen

Die Anwendung der Signale bei den öffentlichen Eisenbahnen basiert grundsätzlich auf der Eisenbahnsignalordnung (ESO). Abweichungen von der ESO können im Einzelfall zulassen

1. das Bundesministerium für Verkehr und digitale Infrastruktur für die Eisenbahnen des Bundes (EB),
2. die zuständigen obersten Landesverkehrsbehörden für die nichtbundeseigenen Eisenbahnen (NE) im Einvernehmen mit dem Bundesministerium für Verkehr und digitale Infrastruktur.

Von der ESO abweichende Signale mit vorübergehender Gültigkeit kann bei Eisenbahnen des Bundes das Eisenbahn-Bundesamt (EBA), bei den nichtbundeseigenen Eisenbahnen die zuständige oberste

Das Wartezeichen Ra 11b gibt es nur auf dem Gebiet der ehemaligen DR. Es wird alleinstehend sowie an Drehscheiben und Schiebebühnen aufgestellt.

Landesverkehrsbehörde im Einvernehmen mit dem Bundesministerium für Verkehr und digitale Infrastruktur, genehmigen. Anweisungen zur Durchführung der ESO können bei Eisenbahnen des Bundes vom Eisenbahn-Bundesamt, bei den nichtbundeseigenen Eisenbahnen von der obersten Landesverkehrsbehörde erlassen werden. Die Anweisungen und ihre Änderungen sind dem Bundesministerium für Verkehr und digitale Infrastruktur rechtzeitig vor Inkrafttreten zur Kenntnis zu geben.

Begriffsbestimmungen

Die ESO und ihre Ausführungsbestimmungen regeln auch klar, was unter Signalen zu verstehen ist und wie sie anzuwenden sind. Sie dürfen nur in den vorgeschriebenen Formen, Farben und Klangarten und für den vorgesehenen Zweck verwendet werden. Die folgenden Begriffsbestimmungen entsprechen grundsätzlich der Veröffentlichung der Zusammenstellung des Eisenbahnbundesamtes EBA als Arbeitshilfe für Anwender der ESO vom 13.12.2020 und den Begriffsbestimmungen des seit dem 15.12.2024 gültigen Signalbuchs der DB AG.

a) Signal

Ein Signal ist ein sichtbares oder hörbares Zeichen mit einer festgelegten Information zur Gewährleistung des sicheren Bewegens von Eisenbahnfahrzeugen.

Das Signal Zp 9 mit Lichtstreifen ist beispielsweise in Eisenach, Leipzig und Berlin aufgestellt. Diese Form wird künftig neu nicht mehr verwendet.

b) Signalbegriff

Der Signalbegriff ist die Kurzbezeichnung eines Signals (zum Beispiel Zs 1), die bei einigen Signalen durch eine Langbezeichnung ergänzt ist (zum Beispiel Ersatzsignal).

c) Signalbedeutung

Die Signalbedeutung ist die verbale Darstellung der Information, die ein Signal gibt.

d) Signalbeschreibung

Die Signalbeschreibung ist die verbale Darstellung des Signalbildes oder des -tones.

e) Signalbild

Das Signalbild umfasst die für ein sichtbares Signal festgelegten Formen, Farben und Merkmale (zum Beispiel Symbole, Buchstaben, Zahlen). Ein sichtbares Signal kann ein Formsignal, Lichtsignal oder ein Handsignal sein.

f) Signalton

Der Signalton umfasst das hörbare Signal, das aus einem oder mehreren Tönen besteht, für welche die Dauer und, wenn erforderlich, auch die Tonhöhe festgelegt sind.

g) Abweichend von a)

Ortsfeste signaltechnische Einrichtungen, die Signale nach a) zeigen, werden nach ihrer Funktion bezeichnet. Es gibt z. B. Hauptsignale, Vorsignale, Sperrsignale, Überwachungssignale, Weichensignale, Abdrücksignale.

Klassisches Form-Hauptsignal: Das Ausfahrsignal „C" des Bahnhofes Borna (Leipzig) zeigt Hp 2 „Langsamfahrt" in Richtung Leipzig.

Signale, die zeitweilig betrieblich abgeschaltet sind, zeigen nur ein weißes Kennlicht. In diesem Fall sind es zwei Signale in Minden (Westf.) Gbf.

h) Zusatz- und Kennlichter

Wenn es nicht Bestandteil eines Signals ist, wird ein weißes Licht verwendet als:

- Zusatzlicht bei Signalen mit Mastschild oder Vorsignaltafel zur Kennzeichnung eines um mehr als 5 Prozent verkürzten Bremsweges oder als
- Zusatzlicht bei Signalen ohne Mastschild oder Vorsignaltafel zur Kennzeichnung eines Vorsignalwiederholers oder als
- Kennlicht anstelle eines Lichtsignals zur Kennzeichnung eines nicht gestörten Hauptsignals mit zeitweilig betrieblich abgeschalteten Hp-, Ks-, Hl-, Sv- oder Vr-Signal oder als
- Kennlicht anstelle eines LED-Fahrleitungssignals zur Kennzeichnung eines nicht gestörten, zeitweilig betrieblich abgeschalteten LED-Fahrleitungssignals.

Allgemeines über die Signale

Für das Aussehen der Signale ist die Beschreibung maßgebend. Die Abbildungen dienen nur der Erläuterung. Signale, die zeitweilig betrieblich abgeschaltet sind, zeigen an Stelle der sonst vorgesehenen Signalbilder ein weißes Licht (Kennlicht). Dies gilt nicht für das Überwachungssignal einer Rückfallweiche (Signal Ne 13). Bei den nichtbundeseigenen Eisenbahnen kann auf die Anwendung des Kennlichts verzichtet werden. Ein Sperrsignal (Lichtsignal), das unmittelbar an einem Hauptsignal steht, ist dunkel, wenn das Hauptsignal „Fahrt" zeigt oder an diesem das Signal Zs 1, Zs 7 oder Zs 8 gezeigt wird.

Zum Standort der Signale

Ortsfeste Signale sowie die Langsamfahrsignale Lf 1, Lf 2 und Lf 3, das Signal Schutzhalt Sh 2 und die Signale El 3, El 4 und El 5 sind dem Gleis eindeutig zugeordnet, für das sie gelten. Sie befinden sich in der Regel unmittelbar rechts – auf zweigleisigen Strecken für Fahrten entgegen der gewöhnlichen Fahrtrichtung auf der freien Strecke unmittelbar links – neben oder über dem Gleis, zu dem sie gehören. Sind bei einzelnen Signalen abweichende Regeln zur Aufstellung erforderlich, so sind diese bei dem betroffenen Signal gegeben. Bei den Eisenbahnen des Bundes werden ständige und vorübergehende Ausnahmen zu dieser Bestimmung durch den Infrastrukturunternehmer bekannt gegeben.

Die Bezeichnungen rechts und links sind im Sinne der Fahrtrichtung zu verstehen. Einfahrsignale befinden sich auf zweigleisigen Strecken für Fahrten entgegen der gewöhnlichen Fahrtrichtung unmittelbar links neben oder über dem Gleis, zu dem sie gehören. Ständige Ausnahmen zu den Bestimmungen zu Signalstandorten werden im Fahrplan oder den örtlichen Zusätzen bekannt gegeben. Vorübergehende Ausnahmen oder Ausnahmen bei Bauzuständen werden in der Zusammenstellung der vorübergehenden Langsamfahrstellen und anderen Besonderheiten (La) bekannt gegeben.

Ks-Signal mit Ks 2 „Halt erwarten", Lf 7 für 90 km/h und Zuordnungstafel am Haltepunkt Hirschgarten an der Stammstrecke der S-Bahn München.

Signal und Orientierungszeichen: Links ein Langsamfahrsignal Lf 1 (Tagzeichen) mit der Ankündigung für 90 km/h Höchstgeschwindigkeit, rechts ein Hektometerzeichen zur Streckenkilometrierung.

Signale stehen in der Regel rechts, auf zweigleisigen Strecken für Fahrten entgegen der gewöhnlichen Fahrtrichtung unmittelbar links, neben oder über dem Gleis (Einfahrt Mainz Hbf aus dem Tunnel Mainz Hbf).

Welches Signal gilt für welches Gleis?

Ursprünglich gehörte es zur Streckenkunde des Lokomotivführers, dass er wusste, welches Signal für welches Gleis gilt. Mitunter waren aber die Anlagen und die Aufstellungsorte von Signalen kompliziert bzw. derart verwirrend und sogar zweideutig, dass daraus Gefahren erwachsen konnten. Beispielsweise wenn der Lokomotivführer irrtümlich eine Geschwindigkeitsbeschränkung nicht beachtete. Die Deutsche Reichsbahn führte bei Langsamfahrsignalen den Richtungspfeil ein und später auch die Zuordnungstafel für andere Signale (Signal So 20). Diese Zuordnungstafeln wurden auch im Netz der ehemaligen Deutschen Bundesbahn angewendet. Sie verbreiteten sich rasch, zeigen sie doch bei mehrgleisigen Strecken und in Bahnhöfen eindeutig an, für welches Gleis ein Signal bestimmt ist. Im Signalbuch erscheint das Signal im Abschnitt „allgemeine Bestimmungen".

Zuordnungstafel (Signal So 20)
Bedeutung: Das durch die Zuordnungstafel gekennzeichnete Signal gilt für das Gleis, auf das die Spitze des Dreiecks weist.

Ein schwarzes Rechteck mit weißem Dreieck.

Hier gilt die Haltetafel Ne 5 laut der Zuordnungstafeln für beide Gleise, das linke und das rechte.

Unter dem Hl-Signal in Riesa befindet sich ein Langsamfahrsignal Lf 1 mit Richtungspfeil. Letzterer ist nicht mit der Zuordnungstafel zu verwechseln.

Ein Signal ist durch die Zuordnungstafel gekennzeichnet, wenn es aufgrund seines Standorts zwischen zwei Gleisen unzutreffend auch für das Nachbargleis gültig sein würde. Die Zuordnungstafel darf nur in Verbindung mit folgenden Signalen angewandt werden:

Signal Ts 1
Signale Lf 1, Lf 2, Lf 3, Lf 4, Lf 5, Lf 6 und Lf 7
Signale El 1 v, El 1, El 2, El 3, El 4 und El 5
Signale Ne 1, Ne 2, Ne 3, Ne 4, Ne 5 und Ne 7
Signale Bü 0/1, Bü 4 und Bü 5
Signale Bü 2 und Bü 3
Signale So 1, So 14, So 15 und So 19
Signal Pf 2

Sollen die Signale für beide Gleise gültig sein, sind sie durch zwei Zuordnungstafeln zu kennzeichnen. Die Zuordnungstafel ist über dem zu kennzeichnenden Signal – bei Signalen Bü 0/1 über dem Mastschild – angebracht. Ist das durch Zuordnungstafel gekennzeichnete Signal zusätzlich durch einen oder durch mehrere Richtungspfeile ergänzt, sind die Richtungspfeile unterhalb des zu kennzeichnenden Signals angebracht.

Nicht deutlich wahrnehmbare oder zweifelhafte Signale

Wird im Einzelfall ein Signal nicht deutlich wahrgenommen oder ist es zweifelhaft, muss die Bedeutung angenommen werden, die die größte Vorsicht erfordert.

Wird ein zweifelhaftes Signalbild erkannt, ist
- vor einem Hauptsignal anzuhalten und
- an einem Vorsignal „Halt erwarten“ anzunehmen.

Alle Unregelmäßigkeiten an Signalen sind dem Fahrdienstleiter zu melden!

Nachtzeichen

Ob Tages- oder Nachtzeichen anzuwenden sind, regelte früher der Beleuchtungskalender. Er ist entfallen, auch weil elektronische und Gleisbildstellwerke mit Dämmerungsschaltern ausgerüstet sind und die Bediener dort, wo die Dämmerungsschalter fehlen, je nach den örtlichen Bedingungen entscheiden sollen, ob ein Signal zu beleuchten ist.

Das Signalbuch schreibt allgemein vor: „Die Nachtzeichen der Formsignale sind mit dem Eintritt der Dämmerung bis zum Eintritt voller Tageshelle anzuwenden. Bei unsichtigem Wetter sind die Nachtzeichen in jedem Fall so lange anzuwenden, bis die Tageszeichen auf eine Entfernung von 100 Metern zweifelsfrei zu erkennen sind. Unabhängig davon ist es zulässig, auch in anderen Fällen die Nachtzeichen insbesondere der Handsignale am Tage anzuwenden, wenn dadurch die Signalaufnahme verbessert werden kann. An Lichtsignalen ist während der Dunkelheit die Nachtbeleuchtung anzuwenden. Bei unsichtigem Wetter ist – soweit möglich – stets die Tagesbeleuchtung anzuwenden.“

Auch die Wartezeichen Ra 11/Ra 11a für Rangierfahrten werden nachts meist beleuchtet. Das Ra 11b im Bereich der ex DR dagegen oft nicht.

6
N3

Die Signale

Haupt- und Vorsignale

Das Haupt- und Vorsignalsystem ist das älteste noch in Deutschland in Betrieb befindliche Signalsystem. Es unterscheidet in Hauptsignale, welche anzeigen, ob und mit welcher Geschwindigkeit der nächste Gleisabschnitt befahren werden darf, und in Vorsignale, die dem Lokführer ankündigen, welchen Signalbegriff er am nächsten, zugehörigen Hauptsignal zu erwarten hat.

Hauptsignale (Hp) werden verwendet als Einfahrsignale, Ausfahrsignale, Zwischensignale (das sind Hauptsignale im Bahnhof, die weder Einfahr- noch Ausfahrsignal sind), Blocksignale und Deckungssignale vor Gefahrstellen.

Sie sind entweder Formsignale mit einem oder zwei Flügeln als Tageszeichen und ebenso vielen Lichtern als Nachtzeichen, oder sie sind Lichtsignale mit ein oder zwei Lichtern als Tages- und Nachtzeichen. Hauptsignale zeigen an, ob der anschließende Gleisabschnitt befahren werden darf. Das Signal Hp 0 gilt für Zug- und Rangierfahrten, die Signale Hp 1 und Hp 2 gelten nur für Zugfahrten.

Form-Hauptsignal „F“ mit Hp 0 und Form-Vorsignal mit Vr 0 an der Einfahrt des Bahnhofes Walleshausen.

Mastschilder

Die Bedeutung des Haupt- und des Vorsignals kann in einem Signalbild vereinigt sein. Lichtsignale, an deren Standort bei erloschenem Signalbild zu halten ist, sind durch Mastschilder kenntlich. Die Maste der Formhauptsignale sind zur besseren Erkennbarkeit rot-weiß gekennzeichnet.

Zur besseren Erkennbarkeit sind Maste von Formhauptsignalen mit rot-weißen Mastschildern versehen.

Das deutschlandweit am häufigsten anzutreffende Mastschild an Lichtsignalen ist das weiß-rot-weiße.

Blocksignal mit weiß-gelb-weiß-gelb-weißem Mastschild vor dem Haltepunkt Ellingen.

Diese Kennzeichnung enthält keine Information. Mastschilder dagegen sind für das Verhalten des Triebfahrzeugführers bei Halt zeigenden oder gestörten Lichtsignalen maßgebend. Es gibt folgende Mastschilder:

weiß-rot-weiß

Züge dürfen an einem durch ein weiß-rot-weißes Mastschild oder ein Mastschild mit einem mit der Spitze nach oben weisenden roten Dreieck auf weißem Grund gekennzeichneten Lichtsignal, das Halt zeigt oder gestört ist, nur auf Ersatzsignal, Vorsichtsignal, Gegengleisfahrt-Ersatzsignal, Befehl oder – bei Signal Zs 12 – auf mündlichen oder fernmündlichen Auftrag vorbeifahren. Rangierfahrten dürfen nur mit Zustimmung des zuständigen Wärters am Signal vorbeifahren.

weiß-gelb-weiß-gelb-weiß

Züge dürfen an einem durch ein weiß-gelb-weiß-gelb-weißes Mastschild gekennzeichneten Lichthauptsignal ohne Zustimmung des Fahrdienstleiters vorbeifahren, das Halt zeigt oder gestört ist, wenn nach dem Anhalten vor diesem Signal eine Verständigung mit dem Fahrdienstleiter nicht möglich ist. Bis zum nächsten Hauptsignal müssen sie „auf Sicht“ fahren. Hauptsignale mit diesem Mastschild im Geltungsbereich der ehemaligen DV 301 besitzen zugleich eine Funktion als Vorsignal.

weiß-schwarz-weiß-schwarz-weiß bei den Gleichstrom-S-Bahnen Berlin und Hamburg

Züge dürfen an einem durch weiß-schwarz-weiß-schwarz-weißes Mastschild gekennzeichneten Lichthauptsignal vorbeifahren, das Halt zeigt oder gestört ist. Wie sich der Triebfahrzeugführer danach zu verhalten hat, bestimmen die Regeln der jeweiligen S-Bahn. Hauptsignale mit diesem Mastschild besitzen zugleich eine Funktion als Vorsignal.

rot bei der Gleichstrom-S-Bahn Berlin

Züge dürfen an einem durch ein rotes Mastschild gekennzeichneten Lichthauptsignal auf Ersatzsignal, Gegengleisfahrt-Ersatzsignal, Befehl oder – bei Signal Zs 12 – auf mündlichen oder fernmündlichen Auftrag vorbeifahren, das Halt zeigt oder gestört ist. Wie sich der Triebfahrzeugführer danach zu verhalten hat, bestimmen die Regeln der jeweiligen S-Bahn.

weiß mit zwei schwarzen Punkten

Züge dürfen an einem durch ein weißes Mastschild mit zwei schwarzen Punkten gekennzeichneten Lichtsignal, das Halt zeigt, nur auf Befehl vorbeifahren. Ein mit diesem Mastschild gekennzeichnetes Signal, das Ra 12 zeigt/erloschen ist, hat für Züge keine Bedeutung.

Ks-Signal „217“ mit weiß-schwarz-weißem Mastschild bei der Hamburger S-Bahn in Alte Wöhr.

Hl-Hauptsignal mit rotem Mastschild und Signal Zs 12, M-Tafel, am S-Bahnhof Springpfuhl in Berlin.

Lichtsperrsignal mit weißem Mastschild mit zwei schwarzen Punkten im Bahnhof Wittenberge.

dreieckig gelb

Ein zusätzlich zum Mastschild angebrachtes dreieckiges gelbes Mastschild mit nach unten weisender Spitze kennzeichnet die Vorsignalfunktion eines Hauptsignals. Das dreieckige gelbe Mastschild ist grundsätzlich unter dem Mastschild des Hauptsignals angeordnet.

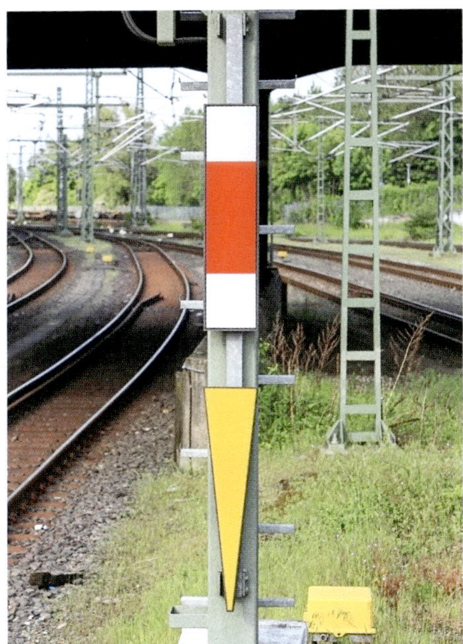

Die Mastschilder eines Ks-Hauptsignals in Lübeck Hbf mit Kennzeichnung der Vorsignalfunktion.

Das Hl-Signal „A" an der Einfahrt des Bahnhofes Riesa hat ebenfalls die Funktion als Vorsignal.

Ungültige Signale

Das ungültige Signal wird durch ein weißes Kreuz mit schwarzem Rand gekennzeichnet oder ist verdeckt. Ungültige Formsignale werden bei Dunkelheit nicht beleuchtet, ungültige Lichtsignale gelöscht.

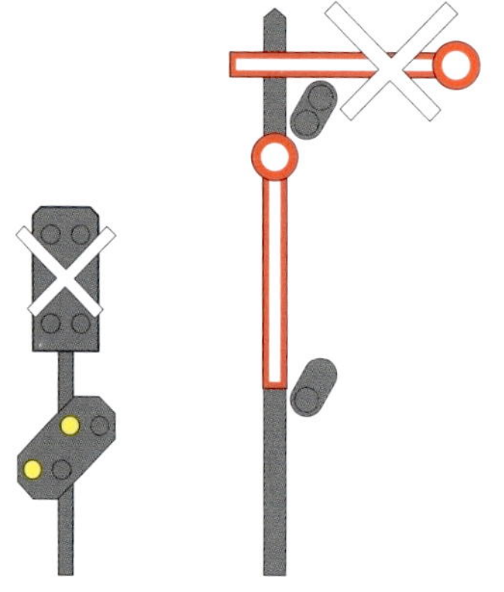

Das seit Jahren ungültige Einfahrsignal „A" des Bahnhofes Kühlungsborn West.

Hamburg-Ohlsdorf: Ungültiges Lf 1 mit Richtungspfeil. Darunter eine H-Tafel Ne 5 mit Zuordnungstafel.

Neu aufgestelltes, aber noch ungültiges Ks-Vorsignal in Langenisarhofen, Strecke Plattling – Passau.

Die beiden Form-Ausfahrsignale „P5“ und „P3“ im Bahnhof Goslar zeigen beide Hp 0 „Halt“.

München Hauptbahnhof: Das Licht-Hauptsignal „N15-17“ und zahlreiche Lichtsperrsignale zeigen Hp 0 „Halt“.

Hauptsignale (Hp)

Hp 0

Bedeutung: Halt.

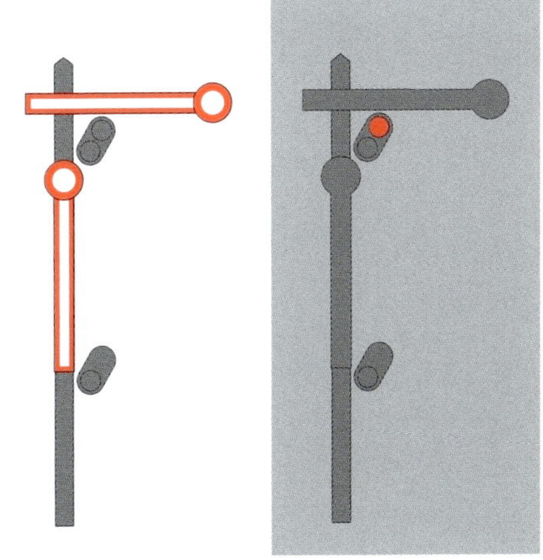

Formsignal: Ein Signalflügel – bei zweiflügligen Signalen der obere Flügel – zeigt waagerecht nach rechts. Nachts: Ein rotes Licht.

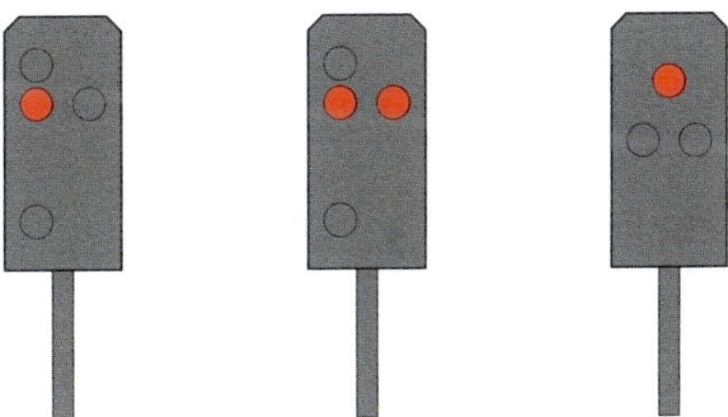

Lichtsignal: Ein rotes oder zwei rote Lichter waagerecht nebeneinander. Rechts: Ein Ks-Signal mit einem roten Licht.

Hp 1

Bedeutung: Fahrt.

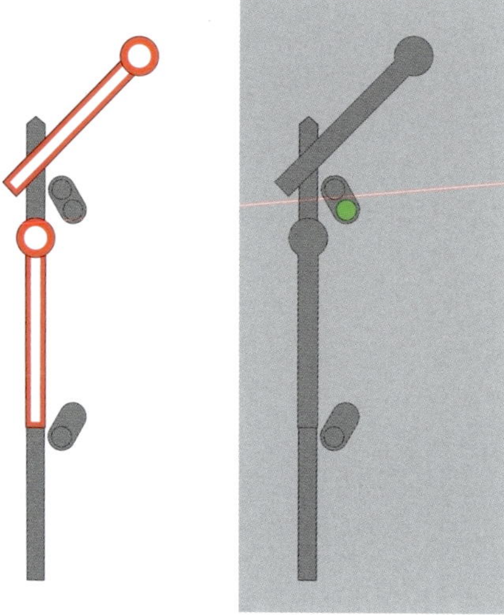

Zur besseren Erkennbarkeit wurde dieser Signalflügel am Einfahrsignal Heiligendamm invers ausgeführt.

Formsignal: Ein Signalflügel – bei zweiflügligen Signalen der obere Flügel – zeigt schräg nach rechts aufwärts.
Nachts: Ein grünes Licht.

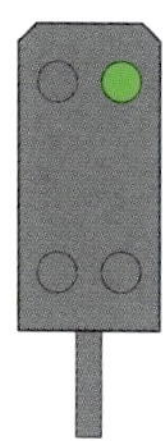

Lichtsignal: Ein grünes Licht.

Das Ausfahrsignal „N005" am Bahnsteigende im Bahnhof Gemünden (Main) zeigt Hp 1 „Fahrt".

Bahnhof Beeskow, Ausfahrt nach Frankfurt (Oder): Das Form-Hauptsignal „D" zeigt Hp 2 „Langsamfahrt".

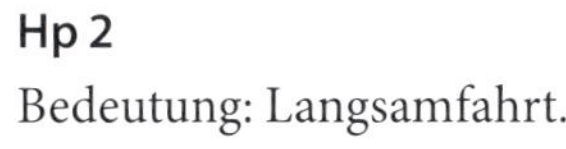

Hp 2

Bedeutung: Langsamfahrt.

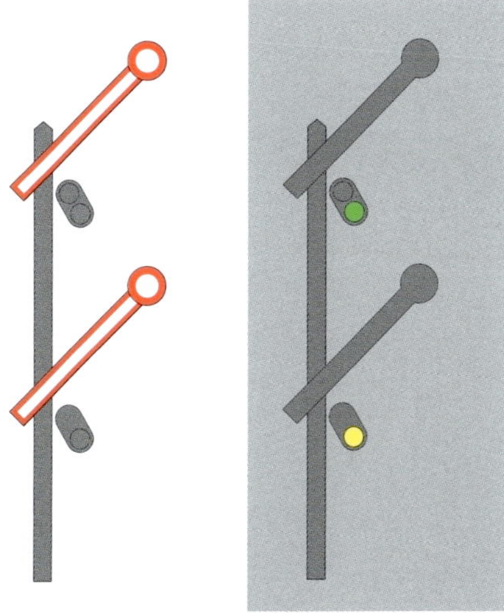

Formsignal: Zwei Signalflügel zeigen schräg nach rechts aufwärts. Nachts: Ein grünes und senkrecht darunter ein gelbes Licht.

Dieses Signal niedriger Bauform „S101" signalisiert Hp 2 „Langsamfahrt" für einen abfahrenden Zug.

Lichtsignal: Ein grünes und senkrecht darunter ein gelbes Licht.

Das Signal schreibt vom Hauptsignal an für den anschließenden Weichenbereich eine Geschwindigkeitsbeschränkung auf 40 km/h vor, es sei denn, ein Signal Zs 3 schreibt eine andere Geschwindigkeit vor. Bei den Eisenbahnen des Bundes werden auch andere abweichende Geschwindigkeiten im Fahrplan oder im Verzeichnis der Langsamfahrstellen und betrieblichen Besonderheiten (La) angegeben.

Vorsignale (Vr)

Vorsignale zeigen an, welches Signalbild am zugehörigen Hauptsignal zu erwarten ist. Das Signal Vr 0 kann auch ein Schutzsignal oder das Signal Hp 0 am Sperrsignal (Lichtsignal) ankündigen. Vorsignale sind ortsfeste Form- oder Lichtsignale oder Wärtersignale. Sie stehen in der Regel im Abstand des Bremsweges der Strecke vor dem zugehörigen Signal. Ist der Abstand kürzer, dann wird das angezeigt. Ist die Sicht auf das Hauptsignal behindert, kann das Vorsignal als Lichtsignal wiederholt sein (Vorsignalwiederholer).

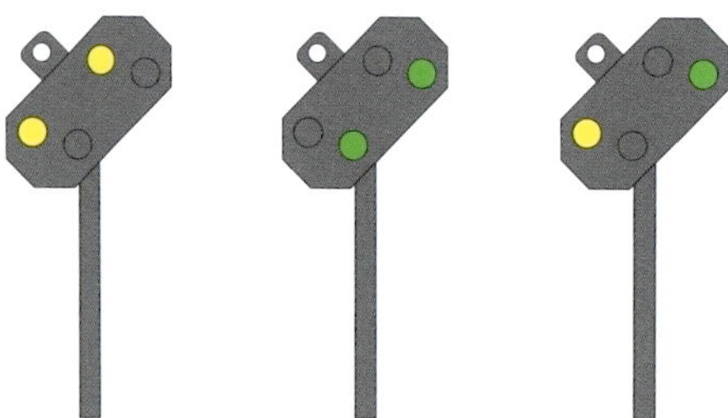

Solche Signale werden gekennzeichnet, wenn der Abstand gegenüber dem Bremsweg der Strecke um mehr als fünf Prozent vermindert ist, durch ein weißes Zusatzlicht über dem linken Signallicht. Das Zusatzlicht trägt auch der Vorsignalwiederholer, der jedoch keine Vorsignaltafel besitzt und auch nicht durch Vorsignalbaken angekündigt wird.

Vorsignal in einem um fünf Prozent verkürzten Bremswegabstand mit Vr 1 und Zs 2v.

Vorsignalwiederholer in niedriger Bauform direkt auf einem Bahnsteig im Nürnberger Hauptbahnhof.

Die weiße Tafel mit schwarzem Ring kennzeichnet einen Vorsignalwiederholer in Weimar (DV 301).

Ist das im verkürzten Bremswegabstand aufgestellte Vorsignal nicht durch ein Zusatzlicht gekennzeichnet, kann die Vorsignaltafel durch einen schwarzen Ring gekennzeichnet sein. Vorsignalwiederholer ohne Zusatzlicht sind am Mast durch eine weiße Tafel mit schwarzem Rand und schwarzem Ring gekennzeichnet.

Lichtvorsignale am Standort von Lichthauptsignalen sind dunkel, wenn sie für die eingestellte Fahrstraße nicht gelten oder das Hauptsignal Hp 0 zeigt.

Vr 0

Bedeutung: Halt erwarten.

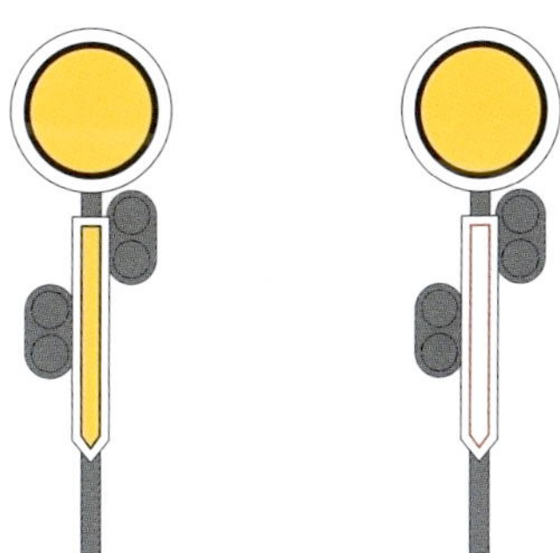

Formsignal: Eine runde Scheibe steht senkrecht. Wo ein Flügel vorhanden ist, zeigt er senkrecht nach unten. Nachts: Zwei gelbe Lichter nach rechts steigend.

Die leuchtend orange Vorsignalscheibe warnt weithin sichtbar mit Vr 0 „Halt erwarten".

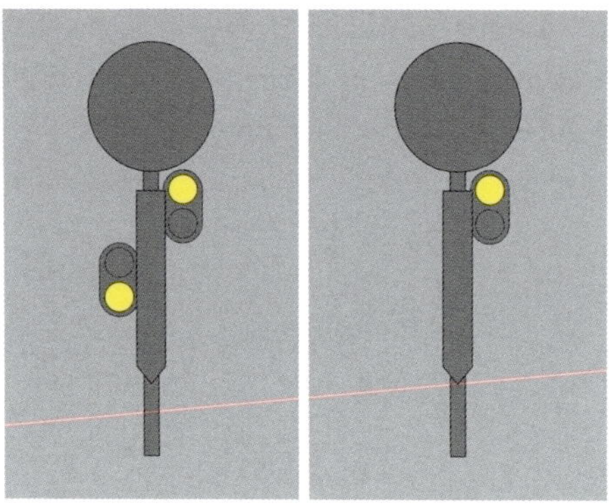

Vorsignale, die nicht vor Hauptsignalen stehen, können bis auf weiteres nur ein gelbes Licht zeigen.

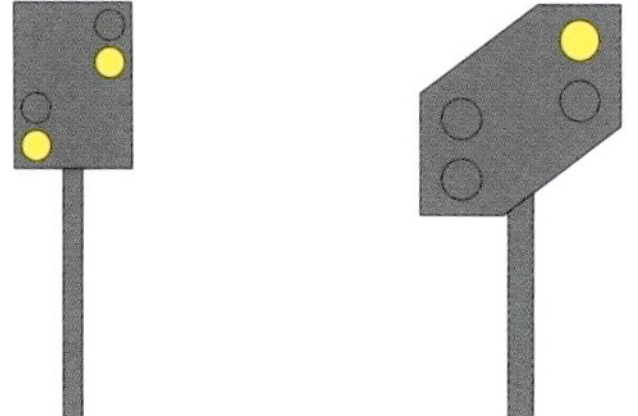

Lichtsignal: Zwei gelbe Lichter nach rechts steigend.
Vorsignale, die nicht vor Hauptsignalen stehen, können auch hier bis auf weiteres nur ein gelbes Licht zeigen.

Vr 1

Bedeutung: Fahrt erwarten.

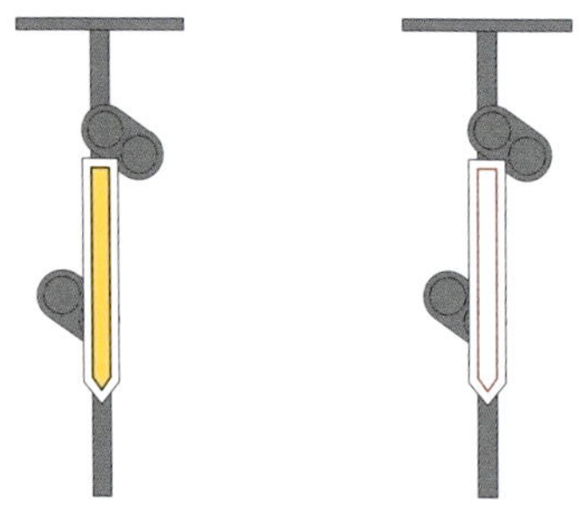

Abfahrt in Augsburg Hbf auf Hp 2 „Langsamfahrt" und der Ankündigung Vr 0 „Halt erwarten".

Dreibegriffiges Form-Vorsignal mit Vr 1 „Fahrt erwarten“ an der Einfahrt des Bahnhofes Senden.

Formsignal: Die runde Scheibe liegt waagerecht. Wo ein Flügel vorhanden ist, zeigt er senkrecht nach unten. Nachts: Zwei grüne Lichter nach rechts steigend.

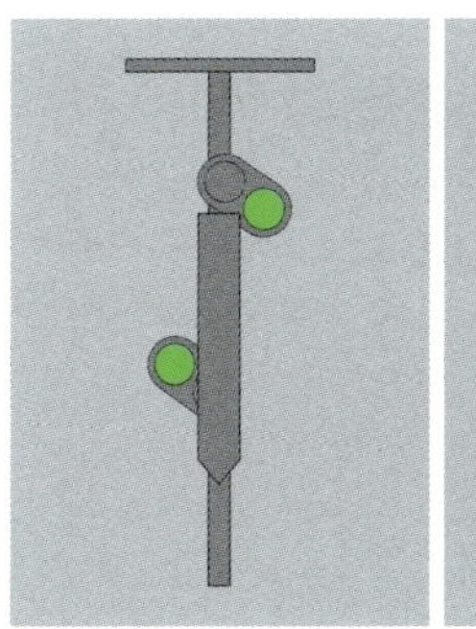

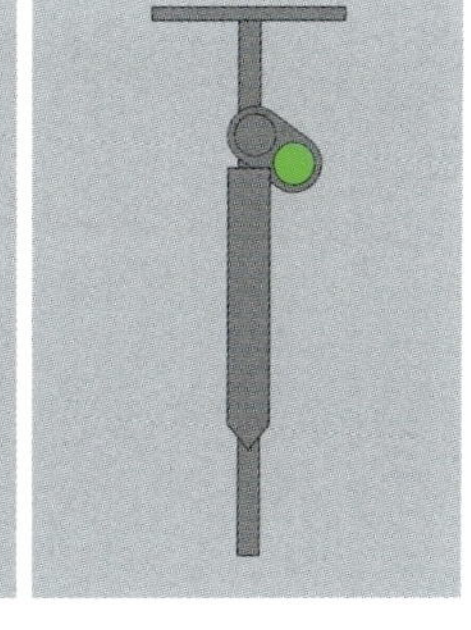

Vorsignale, die nicht vor Hauptsignalen stehen, können bis auf weiteres nur ein grünes Licht zeigen.

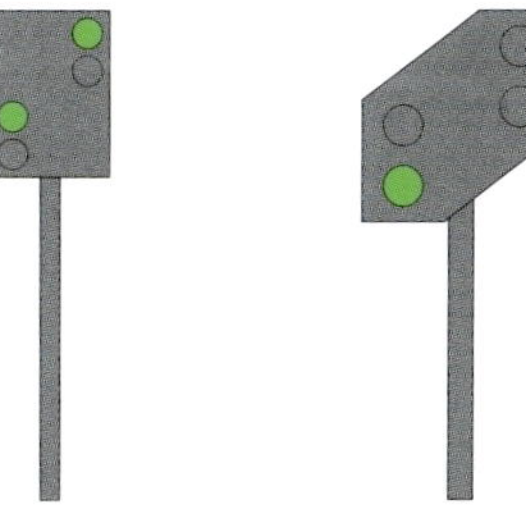

Lichtsignal: Zwei grüne Lichter nach rechts steigend. Vorsignale, die nicht vor Hauptsignalen stehen, können bis auf weiteres nur ein grünes Licht zeigen.

Seelze Rbf Ost: Das Hauptsignal signalisiert mit Hp 1 „Fahrt“, das Vorsignal Vr 1 „Fahrt erwarten“.

Vr 2

Bedeutung: Langsamfahrt erwarten.

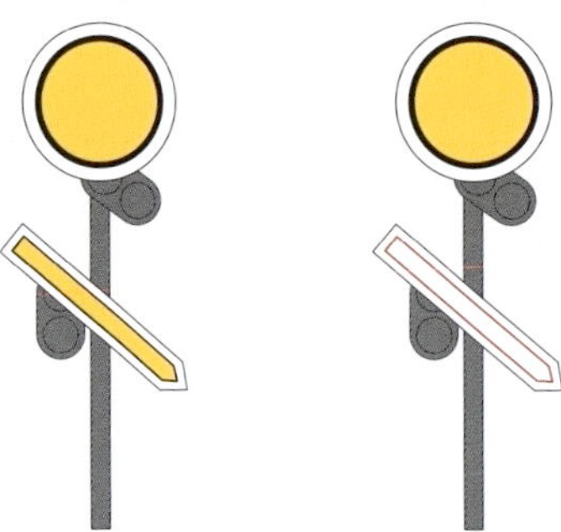

Formsignal: Die runde Scheibe steht senkrecht, der Flügel zeigt schräg nach rechts abwärts. Nachts: Ein gelbes und nach rechts steigend ein grünes Licht.

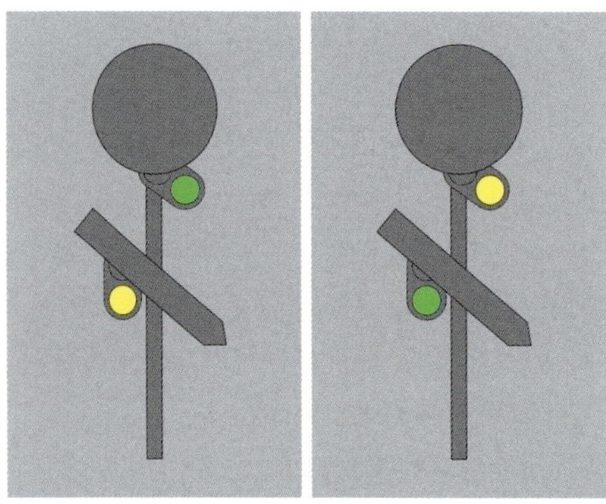

Das Signal kann auch ein grünes Licht und nach rechts steigend ein gelbes Licht zeigen.

Das dreibegriffige Formvorsignal des Einfahrsignals Peißenberg warnt mit Vr 2 „Langsamfahrt erwarten".

Nürnberg Hbf: Ein Vorsignalwiederholer mit Vr 2 und das zugehörige Hauptsignal „N14“ mit Hp 2.

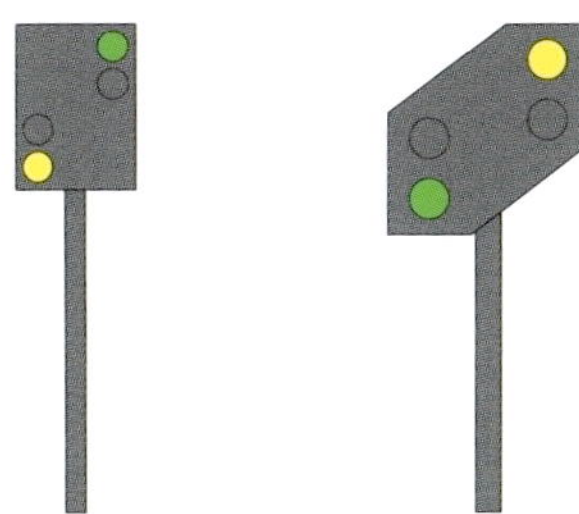

Lichtsignal: Ein gelbes und nach rechts steigend ein grünes Licht.
Das Signal kann auch ein grünes Licht und nach rechts steigend ein gelbes Licht zeigen.

Vr 1/2
Bedeutung: Fahrt oder Langsamfahrt erwarten.

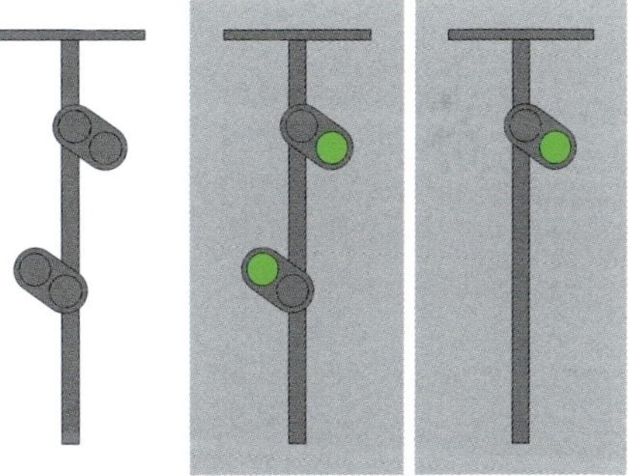

Formsignal: Die runde Scheibe liegt waagerecht. Nachts: Zwei grüne Lichter nach rechts steigend. Vorsignale, die nicht vor Hauptsignalen stehen, zeigen ein grünes Licht. Das Signal Vr 1/2 wird an zweibegriffigen Vorsignalen gezeigt.

Das Vorsignal in Ulm in verkürztem Bremswegabstand zeigt Vr 2 und Zs 3v mit Kennziffer „6“ (60 km/h).

Sk-Signale

Die Deutsche Bundesbahn nahm 1977 auf der Strecke Augsburg – Donauwörth testweise ein neues Signalsystem in Betrieb. Dieses Sk-Signalsystem (das Kürzel steht für Signalkombination) kann mit einem einzigen Signallicht eine Haupt- und Vorsignalisierung für mehrere Streckenabschnitte anzeigen, wofür das klassische Vor-/Hauptsignalsystem bis zu vier Lichter benötigt. Die Kombination der herkömmlichen Vor- und Hauptsignalbegriffe wird beim Sk-Signalsystem wie folgt angezeigt:

- ob der dem Signal folgende Abschnitt befahren werden darf und, falls dies zutrifft,
- welches Signalbild am nächsten Signal zu erwarten ist.

Mit Ausnahme des Signals Hp 0 besteht jedes Signalbild aus nur einem Lichtpunkt. Bei der Annäherung an ein Signal Hp 0 werden die Signale in folgender Reihenfolge angetroffen:

grün (Sk 1), gelb (Sk 2), rot (Hp 0).

Die Signale haben dabei jedoch zum Teil unterschiedliche Bedeutungen.

Das Einfahrsignal „A881“ Mertingen Bahnhof aus Richtung Augsburg zeigt Sk 1 „Fahrt, Fahrt erwarten“.

Vorsignal „V269" vor Bäumenheim mit gelbem Mastschild und dem Signal Sk 1 „Fahrt erwarten".

Sk 1

Bedeutung:
Am Sk-Hauptsignal: Fahrt.
Am Sk-Vorsignal: Fahrt erwarten.
Am Sk-Haupt-/Vorsignal: Fahrt, Fahrt erwarten.

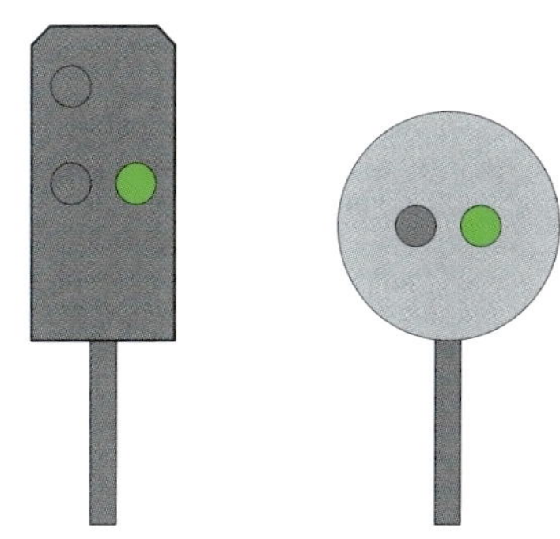

Ein grünes Licht.

Vorsignal vor Nordendorf in Fahrtrichtung Augsburg mit rundem Signalschirm und Sk 2 „Halt erwarten".

Sk 2

Bedeutung:
Am Sk-Vorsignal: Halt erwarten.
Am Sk-Haupt-/Vorsignal: Fahrt, Halt erwarten.

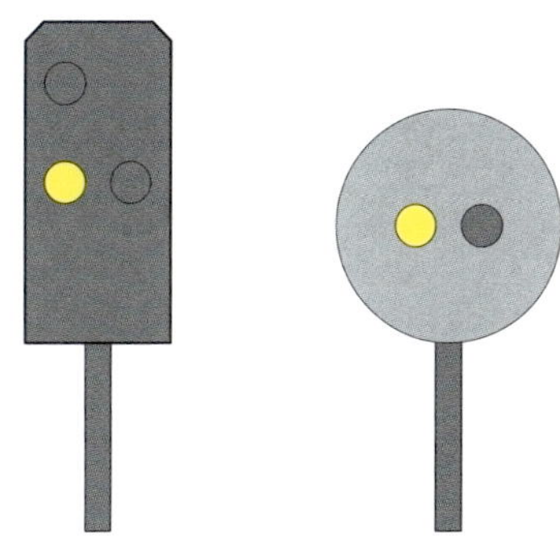

Ein gelbes Licht.

Mastschilder

Mit den Signalbegriffen des Sk-Signalsystems können Haupt- und Vorsignale an einem Mast in einem Signalbild vereinigt sein, wie auch einzeln stehende Haupt- und Vorsignale dargestellt werden. Die Sk-Signale werden wie folgt durch Mastschilder gekennzeichnet:

Sk-Hauptsignal

Sk-Vorsignale und Sk-Vorsignalwiederholer

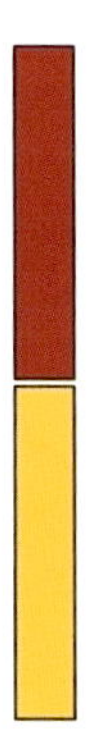

Sk-Hauptsignale mit Vorsignalfunktion

Ebenfalls Sk 2 zeigt dieses Vorsignal mit eckigem Signalschirm in der Gegenrichtung vor Mertingen.

Das Einfahrsignal „F884" von Mertingen Bahnhof signalisiert mit Sk 2 „Fahrt mit 60 km/h, Halt erwarten".

Das Sk-Ausfahrsignal „P3“ von Meitingen mit Sk 1 „Fahrt“, das Lf 7 begrenzt auf 60 km/h.

Im Bereich der Sk-Signale sind Lf 7 mit Kennziffer bis „20“ (zulässige Streckengeschwindigkeit) aufgestellt.

Besonderheiten

Durch Vorsignalbaken (Ne 3) werden nur die Sk-Vorsignale und nicht die Sk-Haupt-/ Vorsignale angekündigt. Beide Signaltypen können zudem in einem um mehr als fünf Prozent kürzeren Bremswegabstand der Strecke stehen, was mit einem weißen Zusatzlicht kenntlich gemacht wird. Das gleiche Bild zeigt auch ein Sk-Vorsignalwiederholer, der jedoch nicht von Vorsignalbaken angekündigt wird.

Zulässige Geschwindigkeiten werden im Bahnhof und auf der freien Strecke im Sk-Signalsystem durchgehend signalisiert. Jeder Geschwindigkeitswechsel wird durch:
- Signal Zs 3 in Verbindung mit den Signalen Sk 1, Sk 2 oder
- Signal Lf 7 angezeigt.

Vorangekündigt werden diese Signale entsprechend durch
- Signal Zs 3v,
- Signal Lf 6.

Die signalisierte Geschwindigkeit gilt in jedem Falle so lange, bis eine andere Geschwindigkeit durch Signal Zs 3 oder Lf 7 angezeigt wird, also nicht nur – wie beim Signal Zs 3 – im anschließenden Weichenbereich.

Da auch das Ende einer Geschwindigkeitsbeschränkung, zum Beispiel nach der letzten Weiche, im Fahrweg angezeigt werden muss, können auf den Signalen Lf 7 Kennziffern bis „20“ (= zulässige Streckengeschwindigkeit) angezeigt werden. Aufgrund der Signalisierung werden die herkömmlichen Signalbegriffe Hp 2 und Vr 2 im Sk-System deshalb wie folgt dargestellt: Sk 1/Sk 2 + Zs 3 und Sk 1 + Zs 3v.

Für den Störungsfall ist an den Sk-Signalen mit Hauptsignalfunktion ein Ersatzsignal Zs 1 angebracht.

Sk-Hauptsignale und Sk-Haupt-/Vorsignale haben in der Regel hochstehende rechteckige Signalschirme. Für die Sk-Vorsignale und Vorsignalwiederholer des Richtungs- und Gegengleises Donauwörth – Augsburg wurde jedoch abweichend ein hochstehender runder Signalschirm verwendet.

Das Sk-Signalsystem ist auch heute noch ausschließlich auf der Strecke Augsburg – Donauwörth zwischen den Bahnhöfen Gersthofen und Mertingen (einschließlich der beiden Bahnhöfe) in Betrieb. Es kann als Vorläufer des deutschlandweit verwendeten Kombinationssignal-Systems (Ks) angesehen werden, und wird inzwischen vor Ort auch nach und nach durch Ks-Signale ersetzt.

Ausfahrsignal „N3“ des Bahnhofes Gablingen mit Sk 1 „Fahrt“. Dahinter ein Lf 7 mit der Kennziffer „20“.

Vorsignale

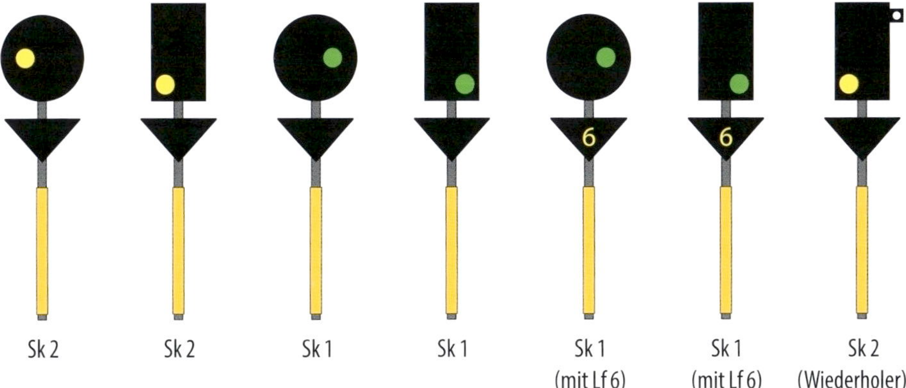

Sk 2 | Sk 2 | Sk 1 | Sk 1 | Sk 1 (mit Lf 6) | Sk 1 (mit Lf 6) | Sk 2 (Wiederholer)

Hauptsignale kombiniert

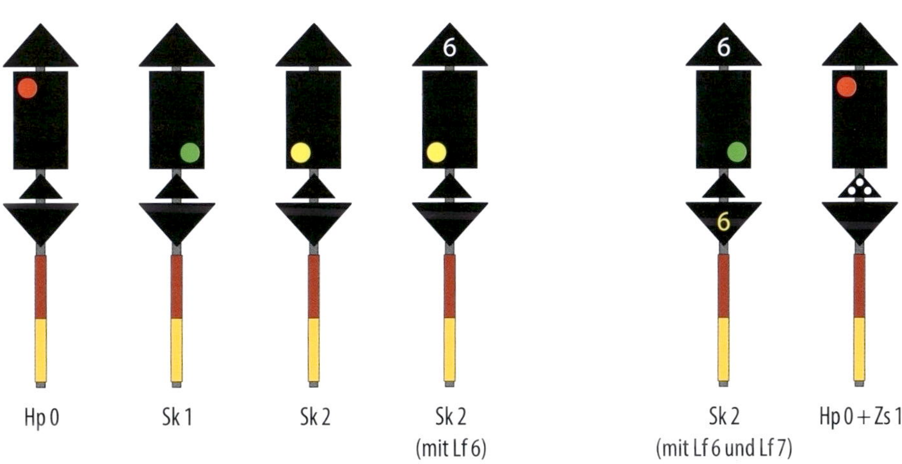

Hp 0 | Sk 1 | Sk 2 | Sk 2 (mit Lf 6) | Sk 2 (mit Lf 6 und Lf 7) | Hp 0 + Zs 1

Hauptsignale

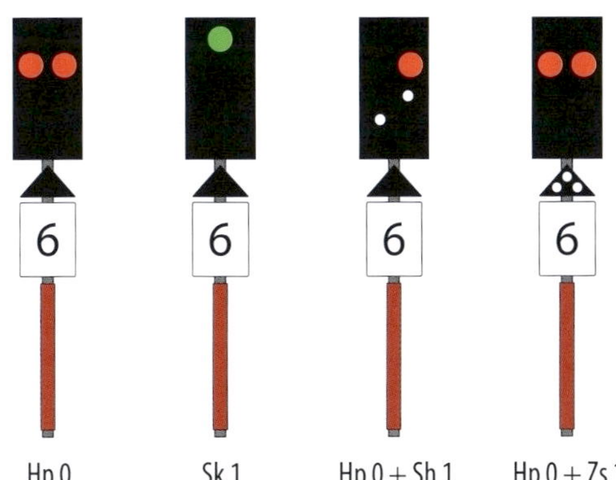

Hp 0 | Sk 1 | Hp 0 + Sh 1 | Hp 0 + Zs 1

Kombinationssignale (Ks)

Das Ks-Signalsystem ist das gemeinsame Signalsystem der beiden ehemaligen deutschen Bahnverwaltungen in Ost- und Westdeutschland, welches bei allen Strecken-Neuplanungen in Deutschland zum Einsatz kommt. Kombinationssignale können Hauptsignal, Vorsignal oder Haupt- und Vorsignal sein. Sie zeigen als Lichtsignale Fahrtaufträge an.

Ks-Hauptsignale tragen das weiß-rot-weiße Mastschild. Wenn sie zugleich Vorsignal sind, haben sie unter dem Mastschild ein weiteres Mastschild: ein mit der Spitze nach unten weisendes gelbes Dreieck.

Es gibt im Ks-Signalsystem auch reine Vorsignale, erkennbar an der Vorsignaltafel Ne 2 (Halle-Ammendorf).

Die Kombinationssignale (Ks) sind deutschlandweit anzutreffen, allerdings nur im Bereich elektronischer Stellwerke (ESTW). Ks 1 „Fahrt" zeigt dieses Hauptsignal bei Himmelstadt, welches zugleich Vorsignalfunktion besitzt.

Ks-Signal mit Vorsignalfunktion und oberem weißem Zusatzlicht für verkürzten Abstand des Bremsweges.

Stehen Kombinationssignale mit Vorsignalfunktion im mehr als fünf Prozent verkürzten Abstand des Bremsweges der Strecke vor dem zugehörigen Signal, dann zeigen das Signal Ks 1 und das Signal Ks 2 ein weißes Zusatzlicht über dem Signallicht.

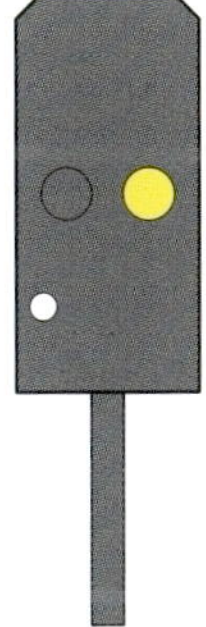

Vorsignalwiederholer zeigen beim Signal Ks 1 mit Signal Zs 3 v und bei Signal Ks 2 ein weißes Zusatzlicht unter dem Signallicht.

Vorsignalwiederholer sind im Ks-Signalsystem durch ein weißes Zusatzlicht unten gekennzeichnet.

Hp 0

Bedeutung: Halt.

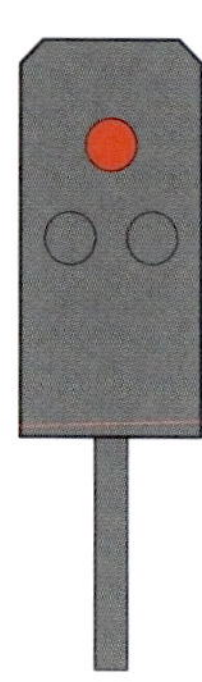

Ein rotes Licht.

Ks 1

Bedeutung: Fahrt.

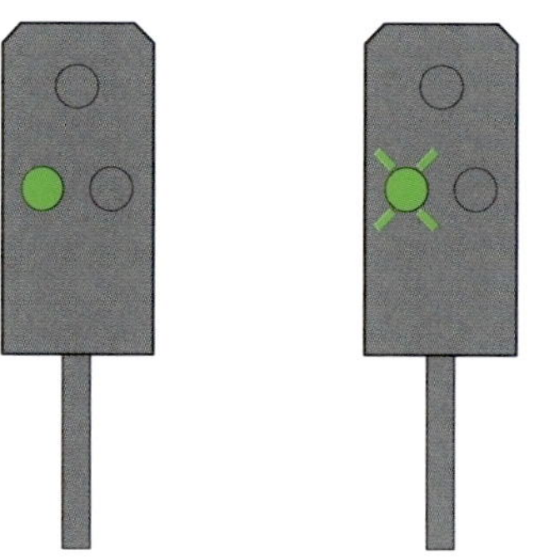

Ein grünes Licht oder ein grünes Blinklicht. Das Signal blinkt grün, wenn an ihm ein Signal Zs 3 v gezeigt wird.

Einfahrsignal „61B" des Bahnhofes Berlin-Ostkreuz aus Richtung Lichtenberg. Das Signal zeigt Hp 0 „Halt".

Hauptsignal „30R6" in Wittenberge mit Ks 1 „Fahrt" und Zs 3 für 50 km/h. Das Zs 2 zeigt „L" für Ludwigslust.

Ausfahrt aus dem Bahnhof Grunow (Niederlausitz) auf Ks 1 „Fahrt". Das Zs 3 beschränkt diese auf 50 km/h.

Signal „7033" am Abzweig Glindenberg mit Ks 1. Das Zs 3 begrenzt auf 80 km/h, das Zs 2 signalisiert „Stendal".

Signal im verkürzten Bremswegabstand mit Ks 2 „40 km/h" und Zs 13 als Frühhalt-/Stumpfgleisanzeiger.

Einfahrt in den Bahnhof Grunow (Niederlausitz) auf Ks 2 „Halt erwarten". Das Zs 3 beschränkt auf 50 km/h.

Berlin-Ostkreuz: Ks 2 „Halt erwarten" nach Lichtenberg. Signal „61ZU14" steht im verkürzten Bremswegabstand.

Ks 2

Bedeutung: Halt erwarten.

Ein gelbes Licht. Das Signal erlaubt die Vorbeifahrt und kündigt Halt an.

Einfahrt Murnau: Der Vorsignal-Wiederholer rechts zeigt Ks 1 „Fahrt" mit grünem Blinklicht, das Zs 3v kündigt 60 km/h an. Das Einfahrsignal signalisiert Ks 2 „Halt erwarten", das Zs 3 begrenzt auf 60 km/h.

Lichthaupt- und Lichtvorsignale (Hl)

Das Hl-System ist das Lichtsignalsystem der ehemaligen Deutschen Reichsbahn der DDR und nur auf dem Gebiet der fünf neuen Bundesländer und Berlin anzutreffen. Sie gelten nur für Zugfahrten.

Ein Lichthaupt- oder Lichtvorsignal mit einem Licht zeigt an, dass die im Fahrplan zugelassene Geschwindigkeit entweder beibehalten werden darf (ein grünes Standlicht) oder so vermindert werden muss, dass die vorangezeigte Geschwindigkeit am nächsten Signal nicht überschritten wird (ein grünes oder gelbes Blinklicht oder ein gelbes Standlicht).

Besteht das Lichthauptsignal aus zwei Lichtern, dann zeigt das untere Licht die Geschwindigkeit an, die am Signal nicht überschritten werden darf. Ist anschließend ein Weichenbereich vorhanden, dann gilt die Geschwindigkeitsanzeige vom Signal ab im anschließenden Weichenbereich. Zum unteren gelben Licht kann ein gelb oder grün leuchtender Lichtstreifen gehören. Das obere Licht gibt die Geschwindigkeit an, die am nächsten Signal nicht überschritten werden darf. Lichtvorsignale sind durch die Vorsignaltafel (Ne 2) gekennzeichnet. An Lichtvorsignalen können nur die Signale Hl 1, Hl 4, Hl 7 oder Hl 10 angezeigt werden. Ein verkürzter Bremswegabstand und Vorsignalwiederholer werden wie im Kapitel „Haupt- und Vorsignale" beschrieben gekennzeichnet; siehe dazu Seite 27.

Hl-Signale haben eine typische Bauform mit optionalem unterem Zusatzschirm für die Lichtstreifen.

Hl-Hauptsignale mit Vorsignalfunktion sind durch ein gelbes Dreieck am Mastschild gekennzeichnet.

Bahnhof Riesa, Ausfahrt in Richtung Dresden: Das Ausfahrsignal zeigt Hl 1 „Fahrt mit Höchstgeschwindigkeit".

Hl 1

Bedeutung: Fahrt mit Höchstgeschwindigkeit.

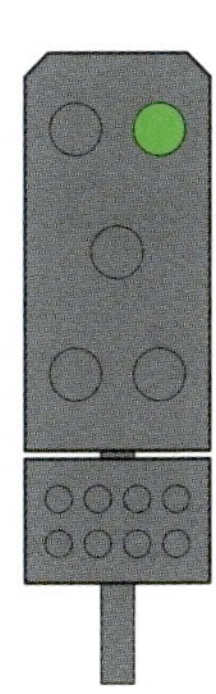

Ein grünes Licht.

Hl 2

Bedeutung: Fahrt mit 100 km/h, dann mit Höchstgeschwindigkeit.

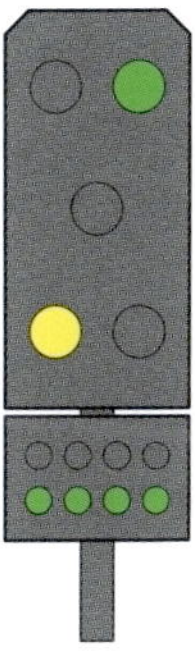

Ein gelbes Licht mit einem grünen Lichtstreifen, darüber ein grünes Licht.

Der Zug verlässt den Bahnhof Großkorbetha auf Hl 2 „Fahrt mit 100 km/h, dann mit Höchstgeschwindigkeit".

Hl 3a

Bedeutung: Fahrt mit 40 km/h, dann mit Höchstgeschwindigkeit.

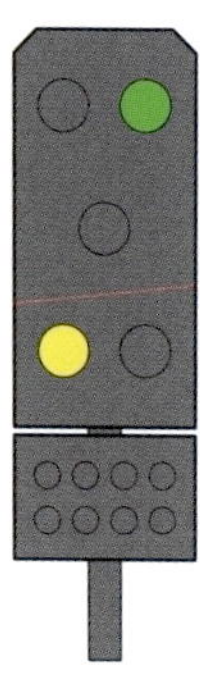

Ein gelbes Licht, darüber ein grünes Licht.

Signal „V", Ausfahrt Magdeburg Rothensee, mit Hl 3a „Fahrt mit 40 km/h, dann mit Höchstgeschwindigkeit".

Hl 3b

Bedeutung: Fahrt mit 60 km/h, dann mit Höchstgeschwindigkeit.

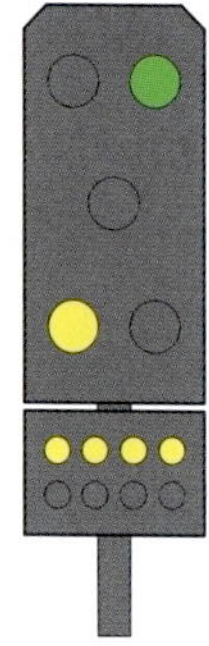

Ein gelbes Licht mit einem gelben Lichtstreifen, darüber ein grünes Licht.

Ausfahrt aus dem Bahnhof Ückeritz auf Usedom auf Hl 3a: „40 km/h, dann mit Höchstgeschwindigkeit.

Hl-Ausfahrsignal „391", Biesdorfer Kreuz Nord, mit Hl 3b „Fahrt mit 60 km/h, dann mit Höchstgeschwindigkeit".

Hl 4

Bedeutung: Höchstgeschwindigkeit auf 100 km/h ermäßigen.

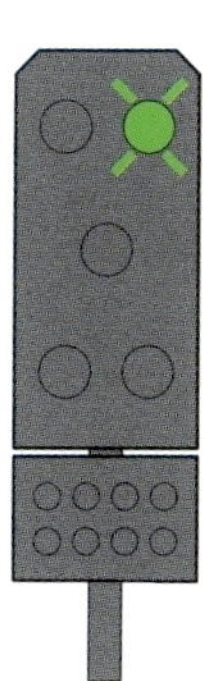

Ein grünes Blinklicht.

Hl 5

Bedeutung: Fahrt mit 100 km/h.

Ein gelbes Licht mit einem grünen Lichtstreifen, darüber ein grünes Blinklicht.

Hl 6a

Bedeutung: Fahrt mit 40 km/h, dann mit 100 km/h.

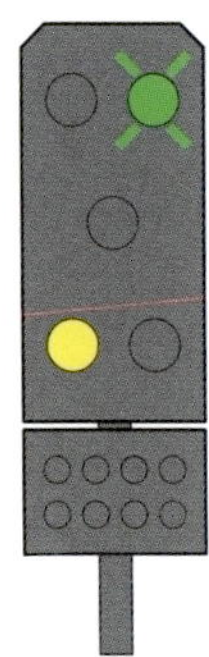

Ein gelbes Licht, darüber ein grünes Blinklicht.

Hl 7

Bedeutung: Höchstgeschwindigkeit auf 40 km/h (60 km/h) ermäßigen.

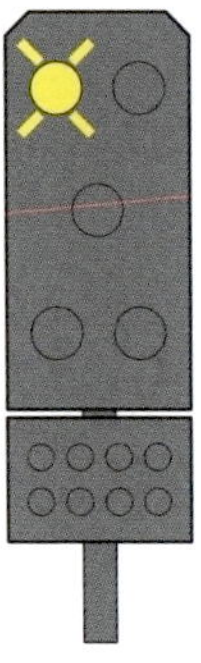

Ein gelbes Blinklicht.

Hl 6b

Bedeutung: Fahrt mit 60 km/h, dann mit 100 km/h.

Ein gelbes Licht mit einem gelben Lichtstreifen, darüber ein grünes Blinklicht.

Hl 8

Bedeutung: Geschwindigkeit 100 km/h auf 40 km/h (60 km/h) ermäßigen.

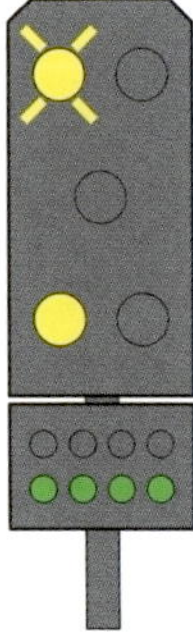

Ein gelbes Licht mit einem grünen Lichtstreifen, darüber ein gelbes Blinklicht.

Bahnhof Riesa: Signalisierung für einen Zug nach Chemnitz: Hl 3a „Fahrt mit 40 km/h, dann mit Höchstgeschwindigkeit". Das Lf 1 kündigt eine Langsamfahrstelle mit 20 km/h an, das Zs 2 zeigt „D" für Döbeln.

Hl 9a

Bedeutung: Fahrt mit 40 km/h, dann mit 40 km/h (60 km/h).

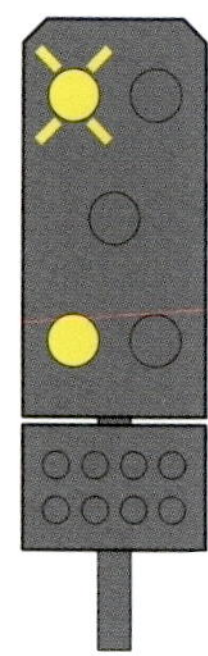

Ein gelbes Licht, darüber ein gelbes Blinklicht.

Hl 9b

Bedeutung: Fahrt mit 60 km/h, dann mit 40 km/h (60 km/h).

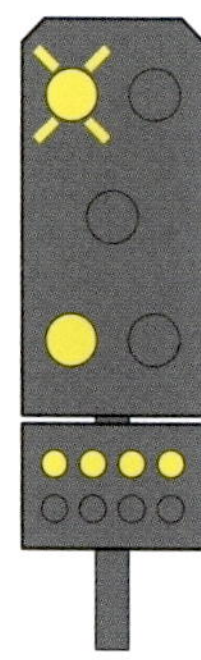

Ein gelbes Licht mit einem gelben Lichtstreifen, darüber ein gelbes Blinklicht.

Einfahrt Neukieritzsch von Borna (Leipzig) auf Hl 12b „Geschwindigkeit 60 km/h ermäßigen, Halt erwarten".

Hl-Ausfahrsignal „395“ am Biesdorfer Kreuz Nord mit Hl 10 „Halt erwarten“. Das Lf 6 kündigt 70 km/h an.

Das Signal 304 am Abzweig Saaleck zeigt Hl 11 „Geschwindigkeit 100 km/h ermäßigen, Halt erwarten“.

Hl 10

Bedeutung: Halt erwarten.

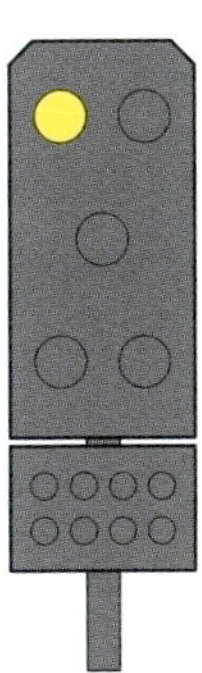

Ein gelbes Licht.

Hl 11

Bedeutung: Geschwindigkeit 100 km/h ermäßigen, Halt erwarten.

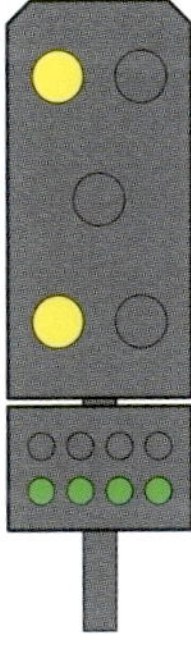

Ein gelbes Licht mit einem grünen Lichtstreifen, darüber ein gelbes Licht.

Hl 12a

Bedeutung: Geschwindigkeit 40 km/h ermäßigen, Halt erwarten.

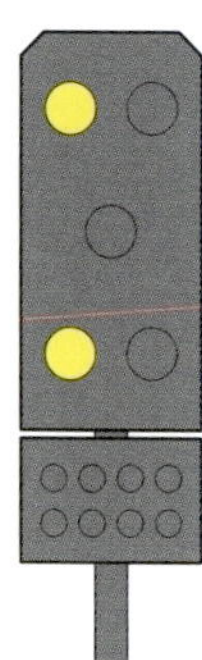

Zwei gelbe Lichter übereinander.

Hl-Signal „G11" Einfahrt Magdeburg Rothensee: Hl 12a „Geschwindigkeit 40 km/h ermäßigen, Halt erwarten".

Hl 12b

Bedeutung: Geschwindigkeit 60 km/h ermäßigen, Halt erwarten.

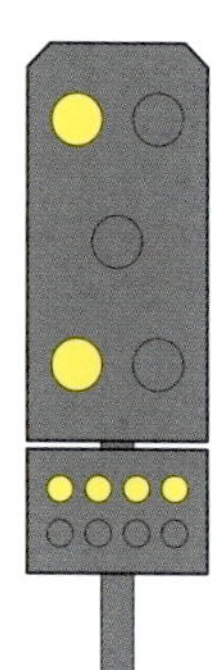

Ein gelbes Licht mit einem gelben Lichtstreifen, darüber ein gelbes Licht.

Bahnhof Riesa: Das Signal „P1" signalisiert „Fahrt mit 60 km/h, Halt erwarten" (Hl 12b).

EZMG-Signal mit typischer Silhouette aus ovalem Signalschirm und Sonnenblende in Crawinkel.

EZMG-Signale

Ab 1976 wurden in der DDR sowjetische EZMG-Stellwerke eingeführt, die russische Abkürzung bedeutet „Elektriceskaja centralizacija malych Stancij Germanii", auf Deutsch: „Elektrische Zentralisierung kleiner Bahnhöfe Deutschlands". Mit diesen Relaisstellwerken in Schrankbauweise wurden nur einfache Bahnhöfe an eingleisigen Nebenstrecken der DR ausgerüstet. Die dazugehörigen Signale mit den charakteristischen großen Signaloptiken und den langen Sonnenblenden zeigen Vor- und Hauptsignalkombinationen mit den Hl-Signalbegriffen, allerdings ohne die gelben und grünen Leuchtstreifen. Ein Großteil der EZMG-Stellwerke wurden inzwischen durch moderne Technik ersetzt.

Das EZMG-Einfahrvorsignal Crawinkel aus Richtung Gräfenroda warnt mit Hl 10 „Halt erwarten".

Signalbegriffe an EZMG-Vorsignalen

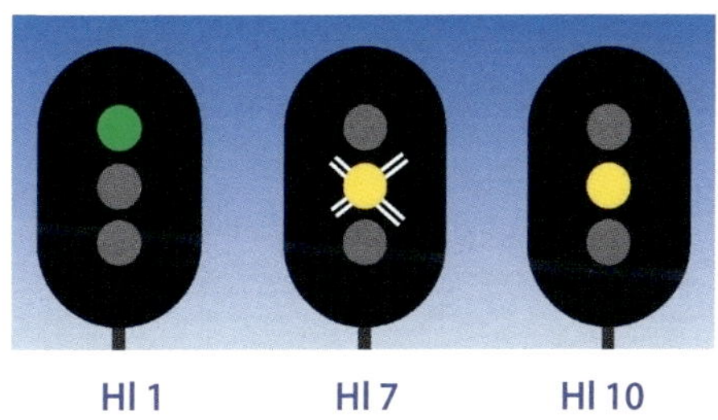

Hl 1 Hl 7 Hl 10

Hl 1
Bedeutung: Fahrt mit Höchstgeschwindigkeit.

Hl 7
Bedeutung: Höchstgeschwindigkeit auf 40 km/h (60 km/h) ermäßigen.

Hl 10
Bedeutung: Halt erwarten.

Signalbegriffe an EZMG-Hauptsignalen

Hl 1
Bedeutung: Fahrt mit Höchstgeschwindigkeit.

Hl 3a
Bedeutung: Fahrt mit 40 km/h, dann mit Höchstgeschwindigkeit.

Hl 9a
Bedeutung: Fahrt mit 40 km/h, dann mit 40 km/h (60 km/h).

Hl 10
Bedeutung: Halt erwarten.

Ein rotes Licht (Hp 0) bedeutet bei allen deutschen Signalsystemen „Halt", hier an einem EZMG-Signal.

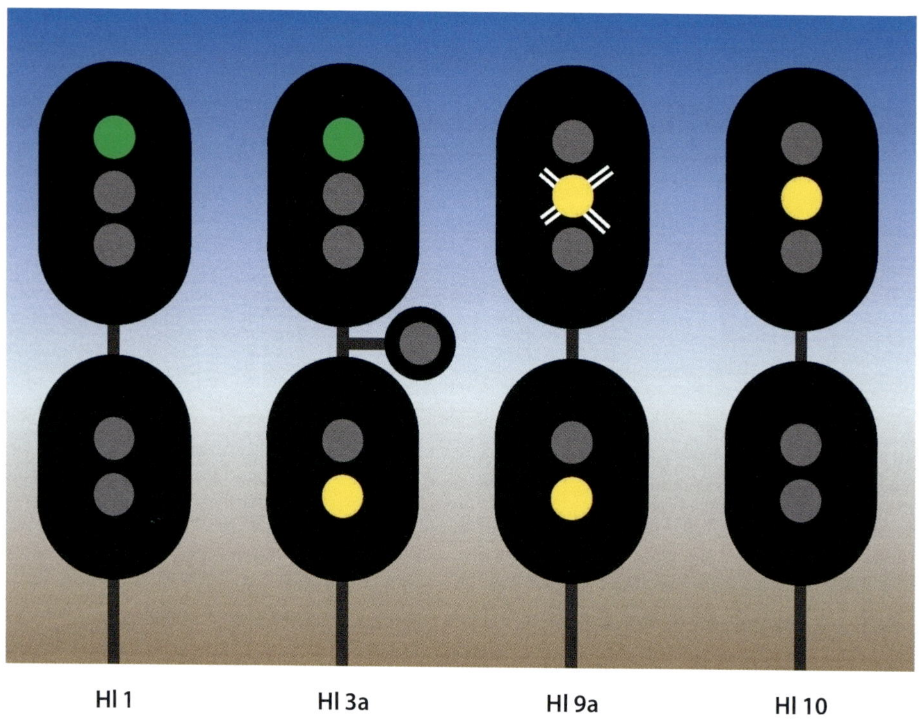

Das Ausfahrsignal „B1“ in Crawinkel zeigt Hl 1 „Fahrt mit Höchstgeschwindigkeit“ in Richtung Gotha.

Hl 12a

Bedeutung: Geschwindigkeit 40 km/h ermäßigen, Halt erwarten.

Hp 0

Bedeutung: Halt.

Zusatzsignale

Zs 1 (Ersatzsignal)

Bedeutung: Am Signal Hp 0 oder am gestörten Lichthauptsignal ohne schriftlichen Befehl vorbeifahren.

Ra 12 (Rangierfahrsignal)

Bedeutung: Rangierfahrt erlaubt.

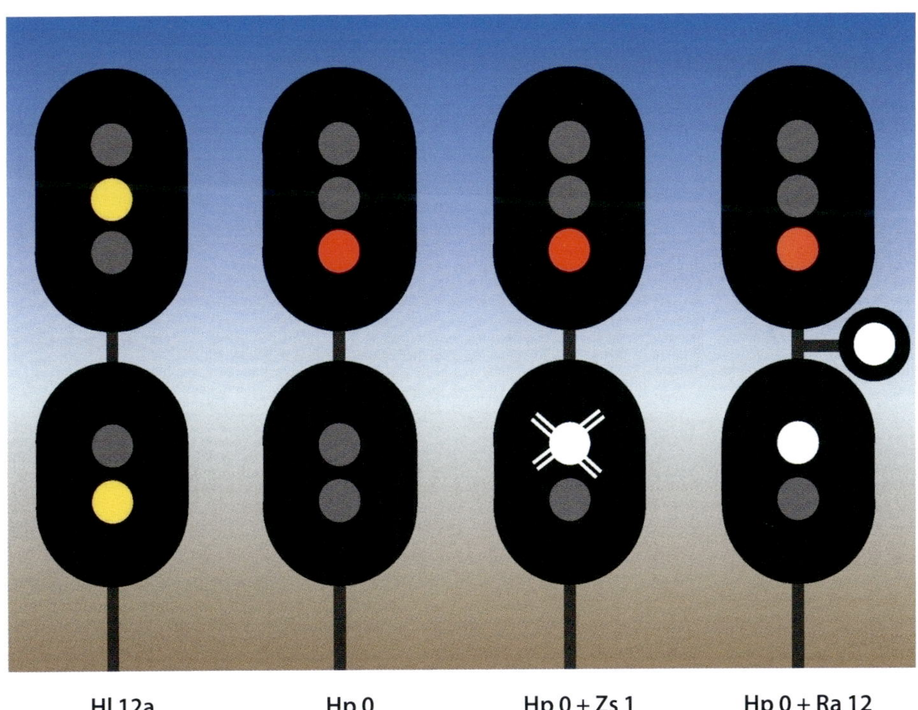

Hl 12a | Hp 0 | Hp 0 + Zs 1 | Hp 0 + Ra 12

Haupt- und Vorsignalverbindungen (Sv)

Das Sv-Signalsystem hat seine Wurzeln in den 1920er-Jahren. Damals wurde dieses Signalsystem, welches in einer einfachen Form Haupt- und Vorsignalbegriff auf einem Signalschirm vereinigt, im Zuge der Elektrifizierung der Berliner Stadtbahn und der Einführung des automatischen Selbstblocks in Betrieb genommen. Die Sv-Signale waren die ersten Lichtsignale der Deutschen Reichsbahn. Inzwischen sind diese nur noch bei der S-Bahn Hamburg anzutreffen. Die linken Signallichter auf dem Schirm entsprechen den Signalen Hp 0, Hp 1 oder Hp 2, die rechten Lichter den Signalen Vr 0, Vr 1 oder Vr 2. Die Sv-Signale werden nach und nach durch Ks-Signale ersetzt. Eine Besonderheit dieses Signalsystems ist, dass Signale (außer Sv 0), die in einem um mehr als 5 Prozent kürzeren Abstand als dem erforderlichen Bremsweg vor dem folgenden Signal stehen, durch einen weißleuchtenden Pfeil über den Signalbildern kenntlich gemacht sind.

Sv 0

Bedeutung: Zughalt. Weiterfahrt auf Sicht.

Zwei gelbe Lichter nebeneinander.

Das Ausfahrsignal „178" in Hamburg Hasselbrook signalisiert mit Sv 0 „Zughalt. Weiterfahrt auf Sicht".

Hamburg-Barmbek: Das Sv-Signal „205" zeigt Sv 2 „Fahrt. Halt erwarten". Am Mast das Signal Zs 12, M-Tafel.

Sv 1

Bedeutung: Fahrt. Fahrt erwarten.

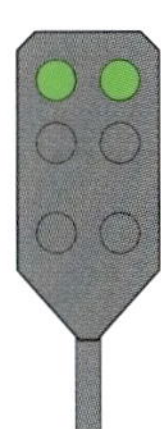

Zwei grüne Lichter nebeneinander.

Sv 2

Bedeutung: Fahrt. Halt erwarten.

Ein grünes Licht, daneben ein gelbes Licht. (Abb. mit weiß leuchtendem Pfeil)

Haltepunkt Hamburg Friedrichsberg: Das Blocksignal „194" signalisiert mit Sv 1 „Fahrt. Fahrt erwarten".

Sv 3

Bedeutung: Fahrt. Langsamfahrt erwarten.

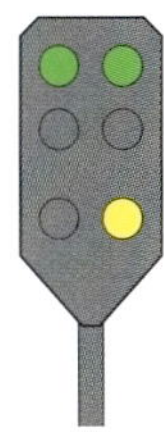

Ein grünes Licht, daneben ein grünes Licht und darunter ein gelbes Licht.

Sv 4

Bedeutung: Langsamfahrt. Fahrt erwarten.

Ein grünes Licht und darunter ein gelbes Licht. Neben dem grünen Licht ein weiteres grünes Licht.

Sv 5

Bedeutung: Langsamfahrt. Langsamfahrt erwarten.

Zwei grüne Lichter nebeneinander. Darunter zwei gelbe Lichter nebeneinander.

Sv 6

Bedeutung: Langsamfahrt. Halt erwarten.

Ein grünes Licht, daneben ein gelbes Licht. Unter dem grünen Licht ein gelbes Licht.

Sv-Hauptsignal „204" in Hamburg-Barmbek mit Sv 1 „Fahrt. Fahrt erwarten", und auch hier der M-Tafel Zs 12.

Das Blocksignal „137" in Hamburg Dammtor zeigt in Richtung Hauptbahnhof Sv 2 „Fahrt. Halt erwarten".

Sv-Ausfahrsignale 101 und 102 in Wedel (Holstein). Das linke Signal zeigt Sv 3 „Fahrt. Langsamfahrt erwarten“, das rechte Hp 0 „Halt“. Bei der S-Bahn Hamburg stehen die Signale oft links vom zugehörigen Gleis.

Zusatzsignale (Zs)

Zusatzsignale gelten für Zugfahrten mit Ausnahme des Signals Zs 103 – Rautentafel. Die Zusatzsignale werden an Haupt- oder Vorsignalen gezeigt. Sie können aber auch allein stehen.

Zs 1 (Ersatzsignal)

Bedeutung: Am Signal Hp 0 oder am gestörten Lichthauptsignal ohne schriftlichen Befehl vorbeifahren.

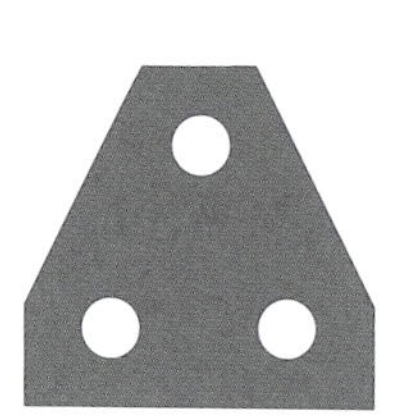

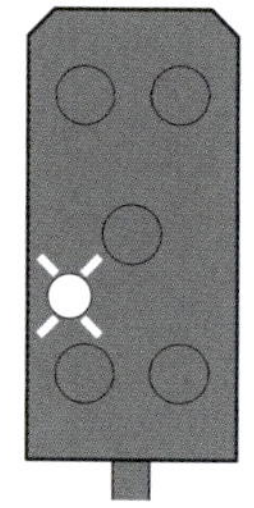

Ersatzsignal Zs 1 mit drei weißen Lichtern in Form eines „A" in Ediger Eller.

Drei weiße Lichter in Form eines „A" oder ein weißes Blinklicht.

Zs 2 Richtungsanzeiger

Bedeutung: Die Fahrstraße führt in die angezeigte Richtung.

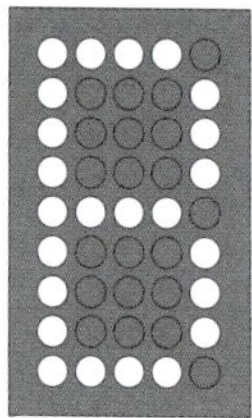

Ein weißleuchtender Buchstabe.

Bahnhof Riesa: Das Hl-Signal niedriger Bauform zeigt Hl 3a mit Zusatz „D" im Zs 2 für Richtung Döbeln.

Richtungsvoranzeiger Zs 2v in Neufahrn (b. Freising) mit „A" für Fahrtrichtung Airport.

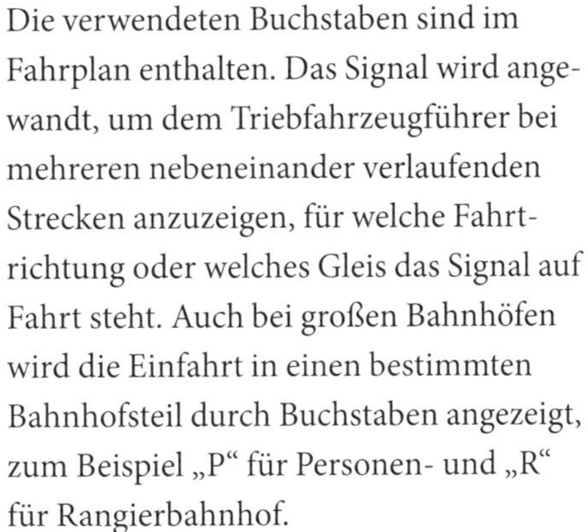
Die verwendeten Buchstaben sind im Fahrplan enthalten. Das Signal wird angewandt, um dem Triebfahrzeugführer bei mehreren nebeneinander verlaufenden Strecken anzuzeigen, für welche Fahrtrichtung oder welches Gleis das Signal auf Fahrt steht. Auch bei großen Bahnhöfen wird die Einfahrt in einen bestimmten Bahnhofsteil durch Buchstaben angezeigt, zum Beispiel „P" für Personen- und „R" für Rangierbahnhof.

Zs 2v Richtungsvoranzeiger

Bedeutung: Richtungsanzeiger erwarten.

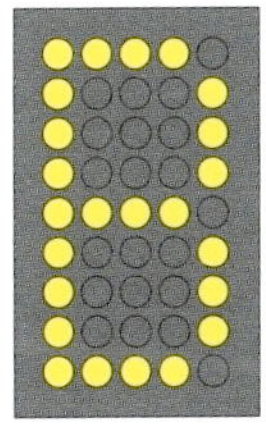

Ein gelbleuchtender Buchstabe. Bis auf weiteres darf der Buchstabe auch weiß sein.

Auf der Spitze stehendes Zs 3 für 40 km/h Einfahrsignal „F" des Bahnhofes Lengenwang, von Füssen kommend.

Zs 3 Geschwindigkeitsanzeiger

Bedeutung: Die durch die Kennziffer angezeigte Geschwindigkeit darf vom Signal an im anschließenden Weichenbereich nicht überschritten werden.

Formsignal: Eine weiße Kennziffer auf dreieckiger schwarzer Tafel mit weißem Rand.

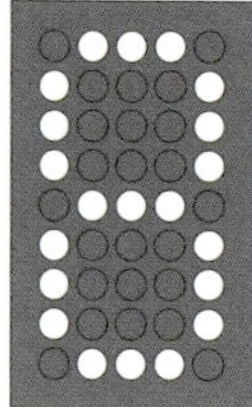

Lichtsignal: Eine weiß leuchtende Kennziffer.

Die Kennziffer bedeutet, dass der zehnfache Wert in km/h als Fahrgeschwindigkeit zugelassen ist, zum Beispiel „3“ für 30 km/h. Das Signal wird auch an Blocksignalen selbsttätiger Blockstellen angewandt, wenn das nächste Signal im verkürzten Bremswegabstand folgt. Die „3” kann bedeuten, dass der Durchrutschweg nicht ausreicht oder dass in ein Stumpfgleis eingefahren wird. Die „1” oder „2” kann bedeuten, dass besonders früh zu halten oder in ein besetztes Gleis einzufahren ist.

Ks-Signal mit Ks 1, Zs 3 mit Kennziffer „6" für 60 km/h und Richtungsanzeiger Zs 2 „S" für Schwerin.

Zs 3v Geschwindigkeitsvoranzeiger
Bedeutung: Geschwindigkeitsanzeiger (Zs 3) erwarten.

Formsignal: Eine gelbe Kennziffer auf dreieckiger schwarzer Tafel mit gelbem Rand.

Der Geschwindigkeitsvoranzeiger Zs 3v kann auch solo stehen, wie hier in Neumarkt (Oberpfalz).

Ks-Signal in Neufahrn (b. Freising) mit Ks 2 „Halt erwarten", Zs 3 für 60 km/h und Zs 3v für 20 km/h.

Gegengleisanzeiger Zs 6 als Formsignal am Sv-Signal „639" der S-Bahn Hamburg in Hamburg-Barmbek.

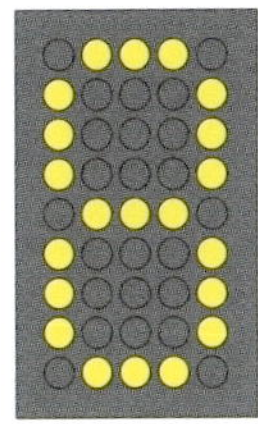

Lichtsignal: Eine gelbleuchtende Kennziffer.

Die gezeigte Kennziffer bedeutet, dass der zehnfache Wert in km/h als Fahrgeschwindigkeit zugelassen ist.

Zs 6 Gegengleisanzeiger

Bedeutung: Der Fahrweg führt in das Streckengleis entgegen der gewöhnlichen Fahrtrichtung. Der Gegengleisanzeiger zeigt an, dass auf zweigleisiger Strecke das Gleis entgegen der gewöhnlichen Fahrtrichtung befahren werden darf. Der Auftrag gilt bis zum nächsten Bahnhof bzw. zu einer davor liegenden Abzweig- oder Überleitstelle.

Formsignal: Eine rechteckige schwarze Scheibe mit weißem Rand und einem weißen von rechts nach links steigenden Streifen, dessen Enden senkrecht abgewinkelt sind.

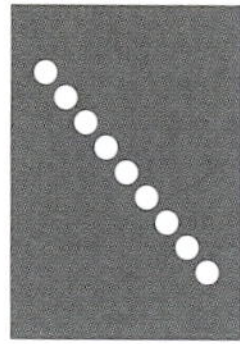

Lichtsignal: Ein weißleuchtender schräger Lichtstreifen, dessen Enden senkrecht nach oben und nach unten abgebogen sind. Die Enden können bis auf weiteres nicht abgewinkelt sein.

Zs 7 Vorsichtsignal

Bedeutung: Am Signal Hp 0 oder am gestörten Lichthauptsignal ohne schriftlichen Befehl vorbeifahren. Weiterfahrt auf Sicht.

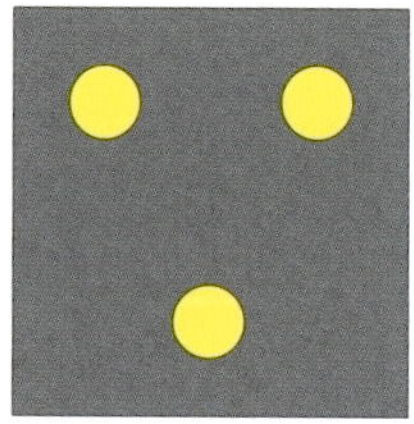

Drei gelbe Lichter in Form eines „V".

Der Auftrag, auf Sicht weiterzufahren, gilt bis zum nächsten Hauptsignal. Das Signal gilt weiter, auch wenn es erlischt, bevor die Spitze des Zuges daran vorbeigefahren ist.

Gegengleisanzeiger Zs 6 als Lichtsignal an einem Hl-Signal in Dresden-Altstadt in Fahrtrichtung Freital.

Das Signal 31N1 an der Ausfahrt Paulinenaue in Richtung Neustadt (Dosse) zeigt Zs 7, Vorsichtssignal.

Der Gegengleisanzeiger Zs 6 als solo stehendes Lichtsignal kündigt bei der Ausfahrt aus München-Allach die Fahrt auf dem Gleis entgegen der gewöhnlichen Fahrtrichtung nach München-Laim an.

Bahnhof Mammendorf: Weil die Ausfahrt vom Hausbahnsteig in Richtung Augsburg zwangsweise ins Gegengleis führt, ist am zugehörigen Ausfahrsignal „16N6“ ein Gegengleisanzeiger Zs 6 als Formsignal angebracht.

Zs 8 Gegengleisfahrt-Ersatzsignal

Bedeutung: Am Halt zeigenden oder gestörten Hauptsignal vorbeifahren, der Fahrweg führt in das Streckengleis entgegen der gewöhnlichen Fahrtrichtung. Der Auftrag gilt bis zum nächsten Bahnhof bzw. zu einer davor liegenden Abzweig- oder Überleitstelle. Das Gegengleisfahrt-Ersatzsignal gilt auch, wenn es erlischt, bevor die Spitze des Zuges am Signal vorbeigefahren ist.

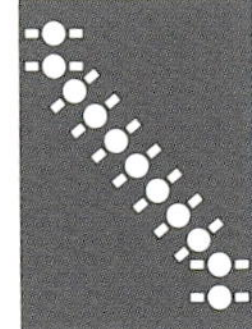

Gegengleisfahrt-Ersatzsignal Zs 8: Das Signal hier ist ein weißblinkender Lichtstreifen (DV 301).

Das Signal kann drei blinkende Lichter in Form eines A zeigen oder ein von rechts nach links weißblinkender Lichtstreifen sein. Die Enden des Lichtstreifens können nach oben und unten senkrecht abgebogen sein.

Zs 9 – Bahnübergangstafel

Bedeutung: Nach dem zulässigen Vorbeifahren am Halt zeigenden oder gestörten Lichthauptsignal Halt vor dem Bahnübergang. Weiterfahrt nach Sicherung.

Die Bahnübergangstafel Zs 9 ist im Bereich der ex DR nur noch sehr selten anzutreffen (Biesdorf).

Das Formsignal besteht aus einer dreieckigen, weißen Tafel mit rotem Rand und schwarzem Gatter. Es steht vor einem mit weiß-gelb-weiß-gelb-weißem, rotem oder

Dieses Endesignal Zs 10 steht an der Ausfahrt Kassel Gbf in Fahrtrichtung Kassel-Wilhelmshöhe.

weiß-schwarz-weiß-schwarz-weißem Mastschild gekennzeichneten Lichthauptsignal, das aber nur dann einen Fahrtbegriff zeigen kann, wenn der Bahnübergang technisch gesichert ist. Gilt die Bahnübergangstafel für mehrere Bahnübergänge, so ist die entsprechende Anzahl als schwarze Zahl im Signal Zs 9 dargestellt.

Zs 10 Endesignal

Bedeutung: Ende der Geschwindigkeitsbeschränkung. Das Signal Zs 10 gilt nur für Zugfahrten, die durch Fahrtstellung eines Hauptsignals zugelassen worden sind, und zeigt an, dass eine mit Signal Hp 2 oder mit Signal Zs 3 vorgeschriebene Geschwindigkeitsbeschränkung bereits vor dem Ende des anschließenden Weichenbereichs aufgehoben ist.

Formsignal: Ein weißer Pfeil mit der Spitze nach oben auf pfeilförmiger, schwarzer Tafel.

Lichtsignal: Ein weißleuchtender Pfeil mit der Spitze nach oben.

Zs 12 M-Tafel

Bedeutung: Züge dürfen nach dem Halten am Halt zeigenden oder gestörten Hauptsignal auf mündlichen oder fernmündlichen Auftrag des Fahrdienstleiters vorbeifahren.

Eine weiße Tafel mit rotem Rand und rotem „M" in Schreibschrift.

Eine M-Tafel Zs 12 bei der Hamburger S-Bahn an einem Ks-Signal in Hamburg-Ohlsdorf.

Zs 13 Stumpfgleis- und Frühhaltanzeiger

Bedeutung: Fahrt in ein Stumpfgleis oder in ein Gleis mit verkürztem Einfahrweg.

Formsignal: Ein um 90 Grad nach links umgelegtes gelbes „T" auf einer rechteckigen schwarzen Scheibe.

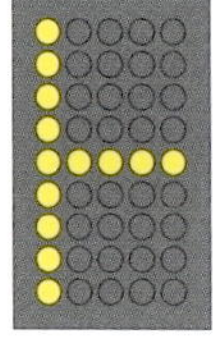

Lichtsignal: Ein um 90 Grad nach links umgelegtes gelbleuchtendes „T".

Das Signal wird nicht angewendet, wenn das Signal Zs 3 gezeigt wird. Einfahrten in Stumpfgleise reiner Kopfbahnhöfe werden nicht mit Zs 13 signalisiert.

Das Zs 13 am Hl 12a zeigenden Einfahrsignal Frankfurt (Oder) kündigt die Fahrt in ein Stumpfgleis an.

Eine Rautentafel Zs 103 am Mast des Formhauptsignals „C" im Bahnhof Sassnitz.

Zs 103 Rautentafel

Bedeutung: Das Halt zeigende Hauptsignal gilt nicht für Rangierabteilungen.

Eine rechteckige schwarze Tafel mit weißen Rauten. Die Rautentafel ist am Hauptsignal angebracht, wird aber neu nicht mehr angewendet.

Das Zs 103 gilt nur für Rangierfahrten und ist im Bereich der ehemaligen DR anzutreffen (Meinsdorf).

Signale für Schiebelokomotiven und Sperrfahrten (Ts)

Diese Signale werden nur dort vorgesehen, wo regelmäßig Schiebelokomotiven von der freien Strecke zurückkehren und wo Sperrfahrten zum Ausgangsbahnhof zurückkehren (beispielsweise nach der Bedienung eines Anschlussgleises der freien Strecke).

Ts 1

Bedeutung: Nachschieben einstellen.

Um 90 Grad nach rechts umgelegtes weißes „T“ auf schwarzer Rechteckscheibe.

Ts 2

Bedeutung: Halt für zurückkehrende Schiebelokomotiven und Sperrfahrten.

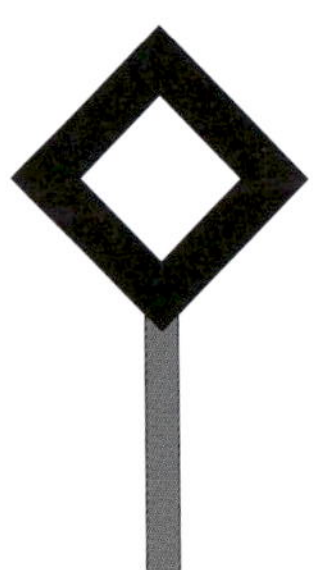

Quadratische, auf der Spitze stehende weiße Scheibe mit schwarzem Rand.

Am Scheitelpunkt der Spessartrampe vor dem Schwarzkopftunnel stand dieses Signal Ts 1.

Und dieses Ts 1 unmittelbar an der Einfahrt des Bahnhofes Steinbach am Wald, an der Frankenwaldrampe.

Dieses Formsignal Ts 1 „Nachschieben Einstellen“ in Aachen Gemmenich wird nachts beleuchtet.

Ts 3

Bedeutung: Weiterfahrt für zurückkehrende Schiebelokomotiven und Sperrfahrten.

Auf Signal Ts 2 ein schwarzer nach rechts steigender Streifen.

Signale Ts 1 „Nachschieben Einstellen“ am Ende der 25 ‰-Steigung Aachen West – Aachen West Grenze vor dem Gemmenicher Tunnel. Die Systemgrenze DB/INFRABEL befindet sich im Tunnel bei Kilometer 5,4.

Langsamfahrsignale (Lf)

Langsamfahrsignale dienen der Kennzeichnung von vorübergehend/ständig geltenden Langsamfahrstellen. Die Langsamfahrsignale Lf 1, Lf 1/2, Lf 2 und Lf 3 gelten für Züge und Rangierfahrten, kennzeichnen eine vorübergehende Langsamfahrstelle und sind nicht ortsfest aufgestellt. Die Signale Lf 4 und Lf 5 kennzeichnen eine ständige Langsamfahrstelle und sind nur auf Nebenbahnen aufgestellt. Kurzfristig geltende Langsamfahrstellen, die nur für eine Zugfahrt gelten oder die wegen aufgehobener Signalabhängigkeit erforderlich sind, werden nicht signalisiert, wenn die Züge durch Befehl – nicht aber durch die La – unterrichtet werden.

Langsamfahrsignal Lf 1 (70 km/h) mit Anfangsscheibe Lf 2 und Zuordnungstafel links neben dem Gleis.

Lf 1 Langsamfahrscheibe

Bedeutung: Es folgt eine vorübergehende Langsamfahrstelle, auf der die angezeigte Geschwindigkeit nicht überschritten werden darf.

Tageszeichen: Eine auf der Spitze stehende dreieckige gelbe Scheibe mit weißem Rand zeigt eine schwarze Kennziffer.

Nachtzeichen: Unter dem beleuchteten Tageszeichen zwei schräg nach links steigende gelbe Lichter. Bei beschränktem Raum be-

Dieses Lf 1 in Paderborn Gbf kündigt eine vorübergehende Langsamfahrstelle mit 10 km/h an.

Signal Lf 1/2 mit Richtungspfeil und – regelwidrig – nicht im Signalbuch zu findender Kennziffer 0,2 für 2 km/h.

Lf 1 (60 km/h) als Wiederholer für am Bahnsteig haltende Züge kurz vor dem Lf 2 mit Zuordnungstafeln.

finden sich die Lichter bis zu 15 Meter vor dem Tageszeichen. Die gezeigte Kennziffer bedeutet, dass der zehnfache Wert in km/h als Fahrgeschwindigkeit zugelassen ist. Als Kennziffer werden die Ziffern/Zahlen 0,5, 1, 2, 3, 4, 5, 6, 7, 8, 9, 10, 11, 12, 13, 14 und 15 verwendet. Das Signal steht in der Regel im Abstand des Bremsweges der Strecke vor dem Signal Lf 2. Beginnt eine Langsamfahrstelle nach einer Strecken- oder Fahrwegverzweigung, ist das Signal Lf 1 durch einen gelben Richtungspfeil mit schwarzem Rand ergänzt, um anzuzeigen, für welche Richtung die Geschwindigkeitsbeschränkung gilt.

Lf 1/2 Langsamfahrbeginnscheibe

Bedeutung: Auf dem am Signal beginnenden, in der Regel durch eine Endscheibe begrenzten Gleisabschnitt darf die angezeigte Geschwindigkeit nicht überschritten werden.

Eine rechteckige, gelbe Scheibe mit weißem Rand zeigt eine schwarze Kennziffer.

Bei diesem Signal, das in Bahnhöfen aufgestellt ist, aber nicht an den durchgehenden Hauptgleisen, wird auf den sonst üblichen Bremswegabstand zwischen den Signalen Lf 1 und Lf 2 verzichtet. Das Signal Lf 1/2 wird jedoch nicht mehr neu aufgestellt.

Lf 2 Anfangscheibe

Bedeutung: Anfang der vorübergehenden Langsamfahrstelle.

Eine rechteckige, gelbe Scheibe mit weißem Rand und schwarzem „A".
Sie darf auch quadratisch sein. Das Signal ist bei Dunkelheit beleuchtet/rückstrahlend.

Lf 3 Endscheibe

Bedeutung: Ende der vorübergehenden Langsamfahrstelle.

Eine rechteckige, weiße Scheibe mit schwarzem „E". Sie darf quadratisch sein.

Anfangscheibe Lf 2 und Endscheibe Lf 3 einer Langsamfahrstelle an einem Bahnübergang.

Und hier ein niedriges Signal Lf 3 (Endscheibe) in Braunschweig Hauptbahnhof.

Lf 4 (15 km/h) zusammen mit Pfeiftafel Pf 2 und einer „2" für die Anzahl der folgenden Bahnübergänge.

Geschwindigkeitstafel Lf 4 für 50 km/h an der Rübelandbahn am Haltepunkt Braunesumpf.

Lf 4 Geschwindigkeitstafel

Bedeutung: Es folgt eine ständige Langsamfahrstelle, auf der die angezeigte Geschwindigkeit nicht überschritten werden darf.

Bedeutung: Die angezeigte Geschwindigkeit darf nicht überschritten werden.

Eine auf der Spitze stehende dreieckige, weiße Tafel mit schwarzem Rand zeigt eine schwarze Kennziffer. Ist der Raum beschränkt, darf die Dreieckspitze nach oben zeigen.

Die gezeigte Kennziffer bedeutet, dass der zehnfache Wert in km/h als Fahrgeschwindigkeit zugelassen ist.

Das Signal steht nur auf Nebenbahnen und ist beleuchtet, wenn der Betrieb das erfordert.

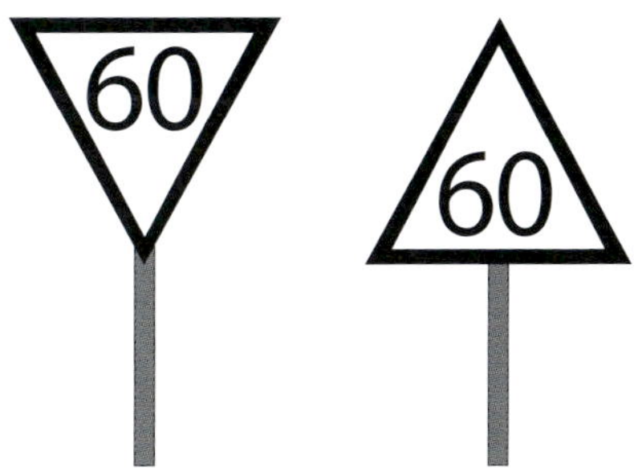

Eine auf der Spitze stehende dreieckige, weiße Tafel mit schwarzem Rand zeigt eine schwarze Geschwindigkeitszahl. Ist der

Raum beschränkt, darf die Dreieckspitze nach oben zeigen.
Das Signal steht nur auf Nebenbahnen. Es wird bei Dunkelheit nicht beleuchtet, kann aber rückstrahlend sein.

Lf 5 Anfangtafel

Bedeutung: Die auf der Geschwindigkeitstafel (Lf 4) angezeigte Geschwindigkeitsbeschränkung muss durchgeführt sein.

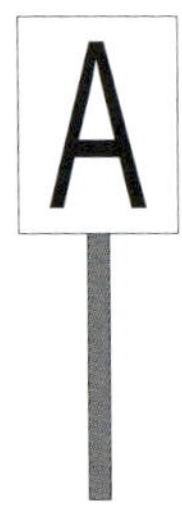

Eine rechteckige, auf der Schmalseite stehende weiße Tafel mit schwarzem „A".
Das Signal Lf 5 ist nur auf Nebenbahnen dort aufgestellt, wo es erforderlich ist, vor Bahnübergängen die Stelle besonders zu kennzeichnen, von der ab die mit Signal Lf 4 angezeigte Geschwindigkeit gilt.

Lf 5 Eckentafel

Bedeutung: Die durch das Signal Lf 4 angezeigte Geschwindigkeitsbeschränkung muss durchgeführt sein.

Eckentafel Lf 5 zusammen am Mast mit Haltetafel Ne 5. Daneben Merkpfahl So 14 (Sellin West).

Eckentafel Lf 5 zusammen mit Haltetafel Ne 5 mit weißem „H" und einer Hinweistafel in Jonsdorf.

Lf 6 mit Kennziffer 12 (120 km/h) am linken Streckengleis vor Karlsruhe-Durlach von Grötzingen.

Eine rechteckige, weiße Tafel mit vier schwarzen Ecken. Das Signal wird bei Dunkelheit nicht beleuchtet, kann aber rückstrahlend sein.

Lf 6 Geschwindigkeits-Ankündesignal
Bedeutung: Ein Geschwindigkeitssignal (Lf 7) ist zu erwarten.

Eine auf der Spitze stehende, schwarz und weiß umrandete, dreieckige, gelbe Tafel zeigt eine schwarze Kennziffer. Ist der Raum beschränkt, darf die Dreieckspitze nach oben zeigen. Das Signal ist beleuchtet oder rückstrahlend und steht in der Regel im Bremswegabstand der Strecke vor dem Signal Lf 7. Als Kennziffer bei Lf 6 und 7 werden die Zahlen bzw. Ziffern 1 bis 15 verwendet. Die gezeigte Kennziffer bedeutet, dass der zehnfache Wert in km/h als Fahrgeschwindigkeit zugelassen ist. Beginnt die mit Signal Lf 6 angekündigte Geschwindigkeitsbeschränkung nach einer Strecken- oder Fahrwegverzweigung, ist das Signal durch einen gelben Richtungspfeil zu ergänzen, der anzeigt, für welche Richtung die Geschwindigkeitsbeschränkung gilt.

Ein Lf 7 für 80 km/h in Steinbach am Wald und gleich darunter ein Lf 6 mit der Ankündigung für 70 km/h.

Lf 7 Geschwindigkeitssignal

Bedeutung: Die angezeigte Geschwindigkeit darf vom Signal an nicht überschritten werden.

Dieses Lf 7 signalisiert, dass ab dem Signal 90 km/h nicht überschritten werden dürfen.

Eine rechteckige, weiße Tafel mit schwarzem Rand zeigt eine schwarze Kennziffer. Die Tafel darf quadratisch sein. Die gezeigte Kennziffer bedeutet, dass der zehnfache Wert in km/h als Fahrgeschwindigkeit zugelassen ist. Als Kennziffern sind 1, 2, 3, 4, 5, 6, 7, 8, 9, 10, 11, 12, 13, 14, 15 und 16 möglich. Das an einem Hauptsignal aufgestellte Signal Lf 7 gilt nur bei der Stellung Hp 1, Ks 1 ohne Zs 3 oder Ks 2 ohne Zs 3. Wenn zur Kennzeichnung des Endes einer Geschwindigkeitsbeschränkung nach dem Befahren von Bahnübergängen unter dem hierfür aufgestellten Signal Lf 7 eine Tafel mit der Aufschrift „BÜ“ angebracht ist, darf die Geschwindigkeit erhöht werden, wenn das führende Fahrzeug die Mitte des Bahnübergangs erreicht hat.

Haltepunkt Dessau-Adria: Ein Lf 7 für 60 km/h und Tafel mit der Aufschrift „BÜ“ in Fahrtrichtung Wörlitz.

Dagebüll Mole – ein Signalmast, viele Signale. Von oben: Lichtsignal Wn 1 für die EOW-Weiche, Geschwindigkeitstafel Lf 4 „10 km/h" und Rautentafel Bü 2 mit weißem Dreieck für „verkürzter Abstand".

Die Geschwindigkeits-Ankündesignale Lf 6 an beiden Streckengleisen vor dem Schloßberg-Tunnel in Frankenstein (Pfalz) kündigen Geschwindigkeitssignale Lf 7 mit 80 km/h an.

Schutzhalt- und Gleissperrsignale (Sh)

Mit Hilfe von Schutzsignalen werden Gleise abgeriegelt, Aufträge zum Halten erteilt oder aufgehobene Fahrverbote angezeigt. Die Signale gelten für Zug- und für Rangierfahrten und stehen unmittelbar rechts neben dem Gleis, ausgenommen bei Gleiswaagen, Drehscheiben, Schiebebühnen und Stumpfgleisabschlüssen. Sie können rückstrahlend sein oder werden bei Dunkelheit beleuchtet.

Sh 0

Bedeutung: Halt! Fahrverbot.

Ein waagerechter, schwarzer Streifen in runder, weißer Scheibe auf schwarzem Grund.

Das Sperrsignal in Verbindung mit einem Ra 11 bedarf noch einer gesonderten Zustimmung des Weichenwärters.

Bei Drehscheiben und Gleiswaagen zeigt das Signal Sh 0 an, dass sie nicht befahren werden dürfen. So wie hier während des Drehens der Lokomotive auf der Drehscheibe im Bahnhof Donauwörth.

Gleissperren – hier im Bahnhof Mottgers an der SFS von Würzburg nach Fulda – haben nicht selten zwei Signallaternen auf beiden Seiten des Gleises. Die Rückseiten der Laternen tragen jeweils einen oder zwei weiße Punkte.

Sh 1 Ra 12 Rangierfahrtsignal
Bedeutung: Fahrverbot aufgehoben.
Bedeutung: Rangierfahrt erlaubt.

In Verbindung mit dem Signal Hp 0 zeigt das Signal Sh 1 Ra 12 an, dass das Haltgebot für Rangierfahrten aufgehoben ist.

Formsignal: Ein nach rechts steigender schwarzer Streifen auf runder weißer Scheibe.

Ist das Formsignal mit einem Wartezeichen verbunden, dann ist stets eine besondere Zustimmung des Weichenwärters zur Vorbeifahrt abzuwarten.

Lichtsignal: Zwei weiße Lichter nach rechts steigend.

In Verbindung mit Signal Hp 0 zeigt das Signal an, dass das Haltegebot für Rangierfahrten aufgehoben ist.
Wenn mehrere Rangierfahrten vor dem Signal halten oder sich ihm nähern, gilt

Dieses Lichtsperrsignal erlaubt mit dem leuchtenden Sh 1 die Vorbeifahrt.

Halle (Saale) Gbf: „Zwei Helle" nennen Eisenbahner scherzhaft das Rangierfahrsignal Sh 1 (Ra 12, DV 301).

Beim Hp 0 „Halt" zeigenden Signal niedriger Bauform „S103" in Kaiserslautern Hauptbahnhof bedeuten die beiden leuchtenden weißen Lichter des Sh 1, dass das Fahrverbot für Rangierfahrten aufgehoben ist.

die Zustimmung nur für die erste Rangierfahrt. Erlischt das Signal, bevor die Spitze der Rangierfahrt daran vorbeigefahren ist, ist das erneute Aufleuchten des Signals abzuwarten.

Sh 2

Bedeutung: Schutzhalt.
Das Signal wird als Wärterhaltscheibe oder Abschlusssignal eines Einfahrstumpfgleises verwendet. Da das Signal nicht ortsfest ist, dient es auch zur Kennzeichnung einer Gleisstelle, die vorübergehend nicht befahren werden darf, oder auch zur Kennzeichnung einer Stelle, an der Züge ausnahmsweise anhalten sollen. Der Haltauftrag wird mit Entfernen, Wegdrehen oder Wegklappen des Signals aufgehoben.

Tageszeichen: Eine rechteckige rote Scheibe mit weißem Rand

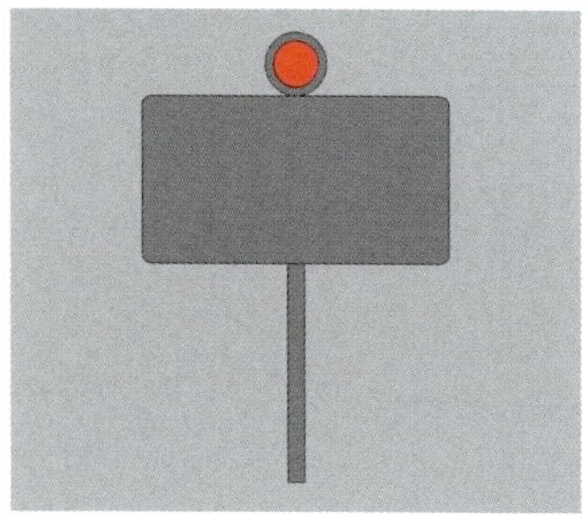

Nachtzeichen: Ein rotes Licht am Tageszeichen oder am Ausleger des Wasserkrans.

Sh 3 Kreissignal

Bedeutung: Sofort halten.

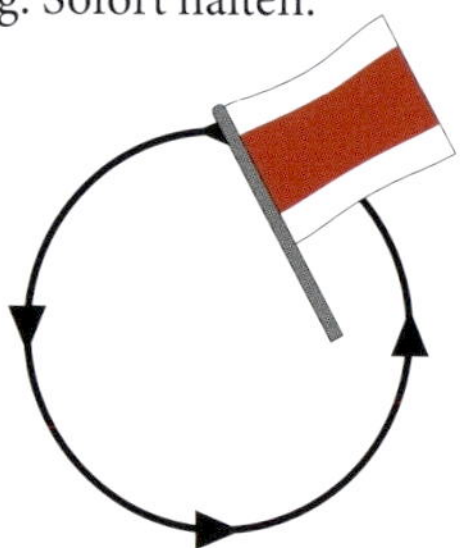

Tageszeichen: Eine rot-weiße Signalfahne, irgendein Gegenstand oder der Arm wird im Kreis geschwungen.

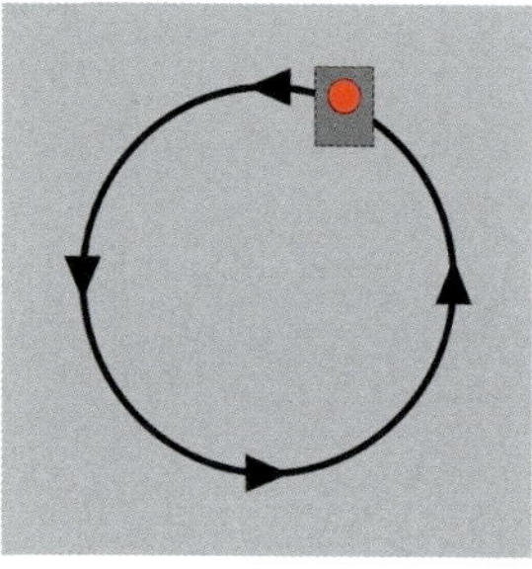

Nachtzeichen: Eine Laterne, möglichst rot abgeblendet, oder ein leuchtender Gegenstand wird im Kreis geschwungen. Das Signal wird gegeben, wenn ein Zug oder eine Rangierfahrt sofort zum Halten gebracht werden muss.

Sh 5 Horn- und Pfeifsignal

Bedeutung: Sofort halten.

Mehrmals nacheinander drei kurze Töne. Das Signal wird gegeben, wenn das Kreissignal (Sh 3) nicht gegeben werden kann, nicht ausreichend erscheint bzw. um andere Eisenbahner zum Anhalten eines Zuges oder einer Rangierfahrt zu veranlassen.

Nicht ortsfeste Wärterhaltscheibe Sh 2 mit Nachtzeichen zur Kennzeichnung einer Gleisstelle in Braunschweig Hbf, die wegen Bauarbeiten vorübergehend nicht befahren werden darf.

Die Wärterhaltscheibe Sh 2 dient auch zur Kennzeichnung des Gleisabschlusses auf Prellböcken. Der hintere Prellbock im Bahnhof Kochel am See ist mit dem Signal Sh 0 gekennzeichnet, der vordere mit Sh 2.

Signale für den Rangierdienst (Ra)

Zu ihnen gehören die Rangier-, die Abdrück- und die sonstigen Signale für den Rangierdienst. Rangiersignale werden vom Rangierleiter gegeben, es sei denn, das Eisenbahnunternehmen beauftragt damit auch andere Mitarbeiter. Die Signale sind gleichzeitig hör- und sichtbar zu geben, gelten aber bereits, wenn sie nur sichtbar aufgenommen werden – Ra 5 auch nur hörbar.

Ra 1

Bedeutung: Wegfahren, in Richtung vom Signalgeber weg.

Ein langer Ton mit der Mundpfeife oder dem Horn und mit dem Arm oder der Laterne eine senkrechte Bewegung von oben nach unten.

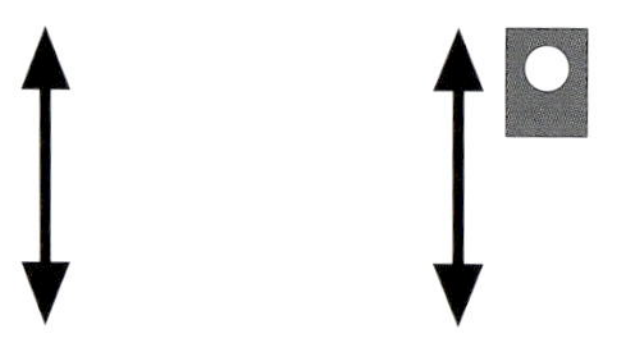

Ra 2

Bedeutung: Herkommen, in Richtung auf den Signalgeber zu.

Zwei mäßig lange Töne mit der Mundpfeife oder dem Horn und mit dem Arm oder der Laterne langsame waagerechte Bewegung hin und her

Ra 3

Bedeutung: Aufdrücken. Das Triebfahrzeug soll Fahrzeuge zum An- oder Abkuppeln aufdrücken.

Zwei kurze Töne schnell hintereinander mit der Mundpfeife oder dem Horn und die Arme oder die Laterne in einer Hand in Schulterhöhe nach vorn heben und wiederholt einander nähern. Nach dem Aufdrücken ist auch ohne Haltauftrag anzuhalten.

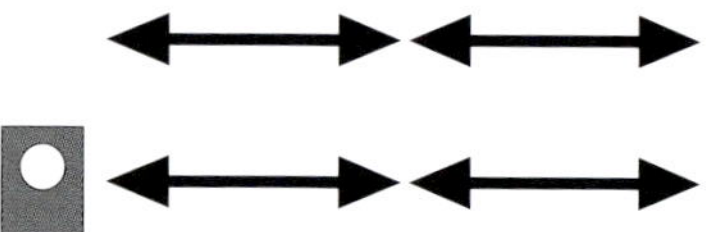

Ra 4

Bedeutung: Abstoßen.

Zwei lange Töne und ein kurzer Ton mit der Mundpfeife oder dem Horn und mit dem Arm oder der Laterne zweimal eine waagerechte Bewegung vom Körper nach außen und eine schnelle senkrechte Bewegung nach unten.

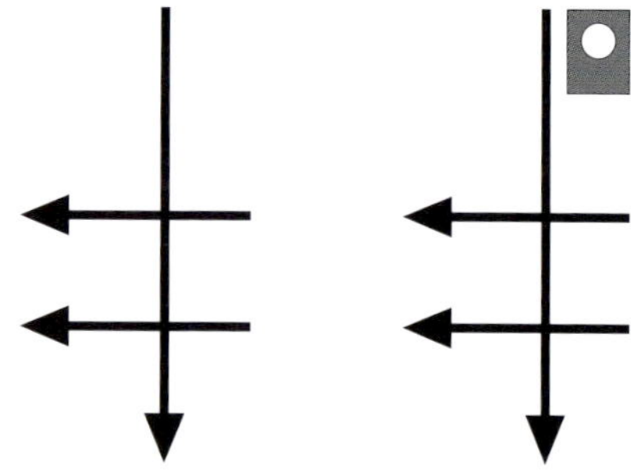

Rangiersignale werden gleichzeitig hörbar (Pfeife/Horn) und sichtbar (Arm/Laterne/Signalfahne) gegeben. Zum Aufdrücken gibt der Rangierer dem Lokführer der Rangierlok hier das Signal Ra 3 „Aufdrücken".

Bei dieser geschobenen Rangierfahrt in Nürnberg Rbf gibt der Rangierer auf der Zugspitze dem Lokführer die Rangiersignale per Rangierfunk durch.

Ra 5

Bedeutung: Rangierhalt.

Drei kurze Töne mit der Mundpfeife oder dem Horn. Und mit dem Arm oder der Laterne kreisförmige Bewegung. Das Signal gilt bereits, wenn es nur hörbar oder nur sichtbar aufgenommen wird.

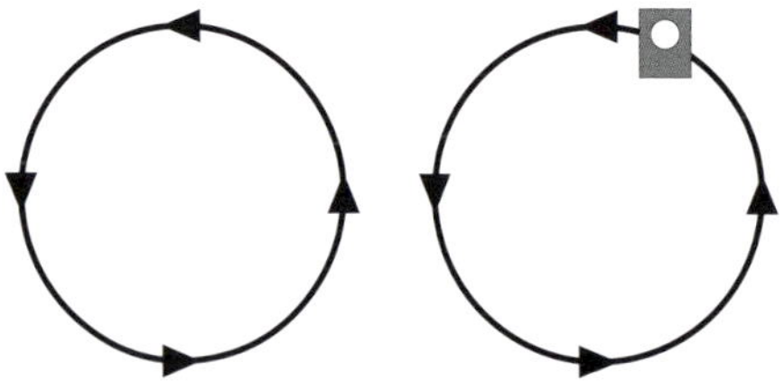

Ra 6

Bedeutung: Halt! Abdrücken verboten.

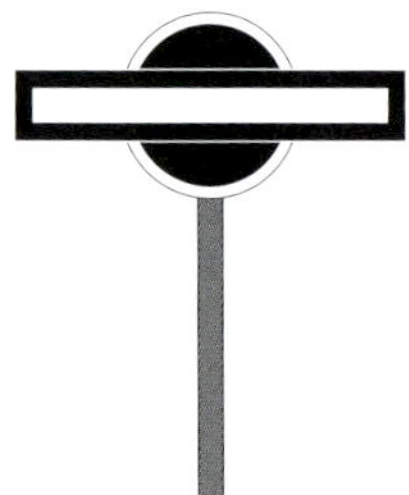

Formsignal: Ein waagerechter, weißer Balken mit schwarzem Rand.

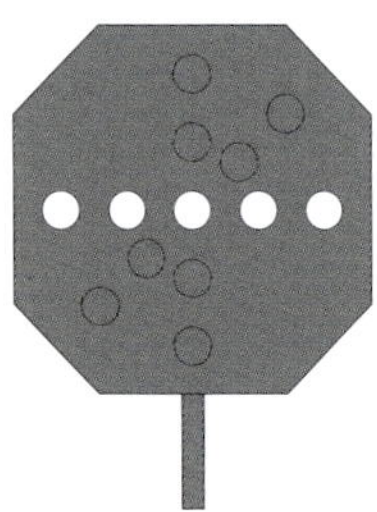

Lichtsignal: Ein waagerechter, weißer Lichtstreifen.

Abdrückformsignal in der Stellung Ra 6 „Halt! Abdrücken verboten" als Museumsstück in Vienenburg.

Im Bahnhof Großkorbetha stehen noch Abdrücklichtsignale, diese sind allerdings nicht mehr in Betrieb.

In Leipzig-Engelsdorf waren Abdrücklichtsignale noch in Betrieb. Dieses zeigt Ra 7 „Langsam abdrücken".

Ra 7

Bedeutung: Langsam abdrücken.

Formsignal: Ein weißer Balken mit schwarzem Rand schräg nach rechts aufwärts.

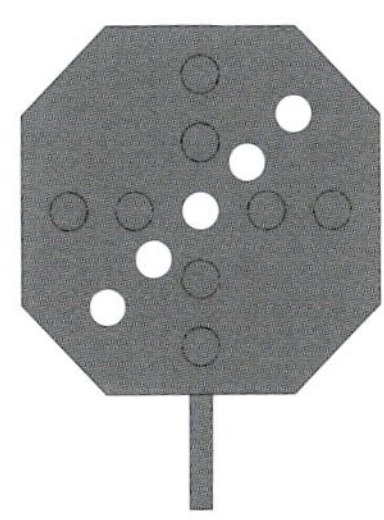

Lichtsignal: Ein weißer Lichtstreifen schräg nach rechts aufwärts.

Ra 8

Bedeutung: Mäßig schnell abdrücken.

Formsignal: Ein senkrechter, weißer Balken mit schwarzem Rand.

Ra 8

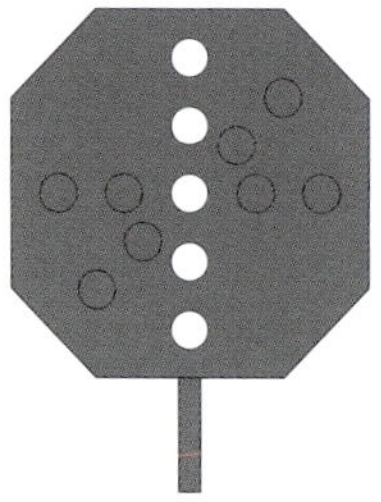

Lichtsignal: Ein senkrechter, weißer Lichtstreifen.

Ra 9

Bedeutung: Zurückziehen. Die Rangierfahrt soll entgegen der Ablaufrichtung vom Ablaufberg wegfahren.

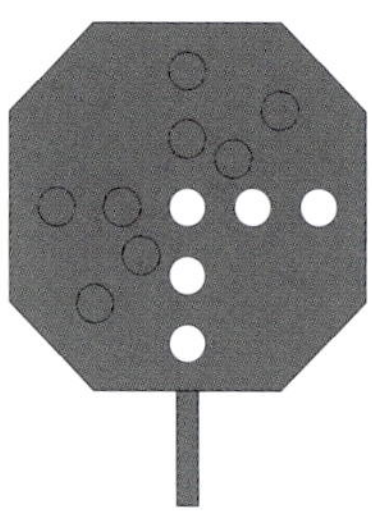

Nur als Lichtsignal: Ein senkrechter Lichtstreifen, vom oberen Ende nach rechts abzweigend ein waagerechter Lichtstreifen.

Rangierhalttafel Ra 10 in einer modernen, rückstrahlenden Ausführung in Langenbach (Oberbay.).

Im Bereich der ex DR stand die Ra 10-Tafel (ohne Aufschrift) gewöhnlich rechts vom Gleis.

Bw Berlin-Lichtenberg: Am Wartezeichen Ra 11a ist die Erlaubnis zur Rangierfahrt mit Ra 12 erteilt.

Ra 10 Rangierhalttafel

Bedeutung: Über die Tafel hinaus darf nicht rangiert werden.

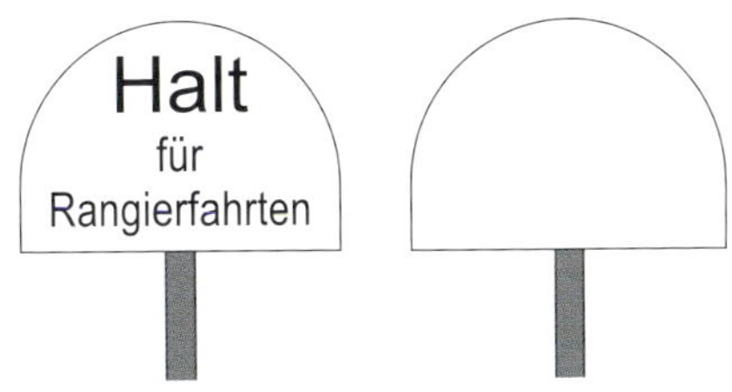

Eine oben halbkreisförmig abgerundete, weiße Tafel mit schwarzer Aufschrift „Halt für Rangierfahrten". Die weiße Tafel kann auch ohne Aufschrift sein.

Ra 11 Ra 11a Wartezeichen

Bedeutung: Auftrag des Wärters zur Rangierfahrt abwarten.

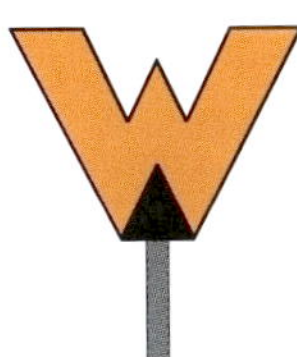

Ein gelbes „W" mit schwarzem Rand.

Diese Wartezeichen Ra 11b in niedriger Ausführung stehen im Bahnhof Chemnitz-Hilbersdorf.

Ra 11b Wartezeichen

Ein weißes „W" mit schwarzem Rand.

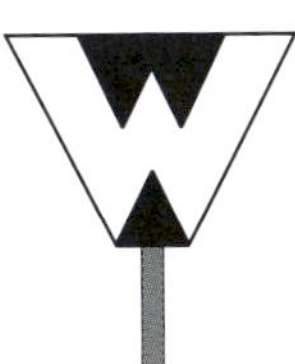

Das Signal Ra 11a wird alleinstehend sowie an Drehscheiben und Schiebebühnen, und zwar stets ohne das Signal 12

angewandt. An Drehscheiben und Schiebebühnen zeigt das Signal an, dass diese von Fahrzeugen erst befahren oder verlassen werden dürfen, wenn der Wärter hierfür seine Zustimmung gibt.

Ra 12 So 12 Grenzzeichen

Bedeutung: Grenze, bis zu der bei zusammenlaufenden Gleisen das Gleis besetzt werden darf.

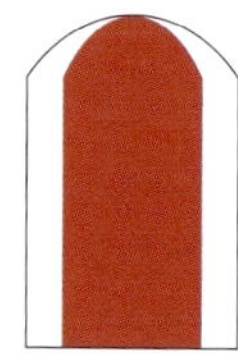

Ein rot-weißes Zeichen.
Das Signal steht im Winkel zwischen beiden Gleisen.

Ra 13 Isolierzeichen

Bedeutung: Kennzeichnung der Grenze der Gleisisolierung. Das Isolierzeichen gibt an, wie weit ein Gleis freizuhalten ist, damit das Umstellen von Weichen und Signalen nicht verhindert wird.

Ein blauer Pfeil auf weißem Grund.
Das Signal kann rechts oder links vom Gleis stehen und zeigt mit dem Pfeil auf das zugehörige Gleis.

Ein Wartezeichen Ra 11 im Bahnhof Plattling.
Die Erlaubnis zur Rangierfahrt erfolgt hier mündlich.

Niedriges ex DR-Wartezeichen Ra 11a in Rostock Seehafen. Die Erlaubnis zur Rangierfahrt ist mit Ra 12 erteilt.

Das Grenzzeichen Ra 12/So 12 markiert die Grenze, bis zu der zusammenlaufende Gleise besetzt werden dürfen.

Das Isolierzeichen Ra 13 ist ein eher unscheinbares Signal, welches die Grenze der Gleisisolierung markiert.

An der nördlichen Einfahrt des Bahnhofes Hörpolding aus Richtung Trostberg markiert links das Ra 12 die maximale Gleisbesetzung, und rechts das Isolierzeichen Ra 13 die Grenze der Gleisisolierung.

Weichensignale (Wn)

Sie zeigen an, für welchen Fahrweg die Weiche gestellt ist, was besonders bei Rangierfahrten wichtig ist. Nicht alle Weichen haben Weichensignale, sie sind hauptsächlich bei Stellwerksanlagen ohne Rangierfahrstraßensicherung und bei Neben- und Schmalspurbahnen vorhanden. Weichensignale sind beleuchtet, rückstrahlend oder selbstleuchtend. Der Signalkörper von Rückfallweichen ist durch orangene Farbe gekennzeichnet. Bei EOW-Lichtsignalen (Elektrisch Ortsgestellte Weiche) blinkt mindestens ein weißes Licht während des Umstellvorganges oder bei Störung der Weiche.

Beleuchtete Weichenlaternen, wie hier im Bahnhof Zittau, sind heute eher selten anzutreffen.

Wn 1

Bedeutung: Gerader Zweig.

Formsignal, von der Weichenspitze oder vom Herzstück aus gesehen: Ein auf der Schmalseite stehendes weißes Rechteck auf schwarzem Grund.

Lichtsignal: Zwei übereinander stehende weiße Lichter.

Das Lichtsignal dieser EOW im Bahnhof Krefeld-Uerdingen zeigt Wn 1 „Gerader Zweig".

Weichensignal Wn 2 „Gebogener Zweig“ an einer Weiche in Chemnitz-Hilbersdorf.

Eine ortsbediente Außenbogenweiche in Eberswalde Hbf mit dem Weichensignal Wn 2 in Sichelform.

Wn 2

Bedeutung: Gebogener Zweig.

Formsignal, von der Weichenspitze aus gesehen: Ein weißer Pfeil oder Streifen auf schwarzem Grund zeigt schräg nach links oder rechts aufwärts.

Vom Herzstück aus gesehen: Eine runde, weiße Scheibe auf schwarzem Grund.

Bei Außenbogenweichen vom Herzstück aus gesehen: Eine runde, weiße Scheibe auf schwarzem Grund mit einer Sichel.

Wn 2

Lichtsignal: Zwei nebeneinander stehende weiße Lichter.

Wn 3

Bedeutung: Gerade von links nach rechts.

Formsignal: Die Pfeile oder Streifen bilden eine von links nach rechts steigende Linie.

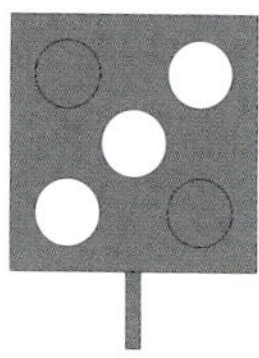

Lichtsignal: Die Lichter bilden eine von links nach rechts steigende Linie.

Das Weichensignal der EOW „51“ in Wustermark Rangierbahnhof zeigt Wn 2 „Gebogener Zweig“ als Lichtsignal.

Dieses Weichensignal in Chemnitz-Hilbersdorf zeigt den Signalbegriff Wn 3 einer doppelten Kreuzungsweiche.

Das Lichtsignal der doppelten Kreuzungsweiche EOW „52" in Wustermark Rangierbahnhof zeigt Wn 4.

Wn 4

Bedeutung: Gerade von rechts nach links.

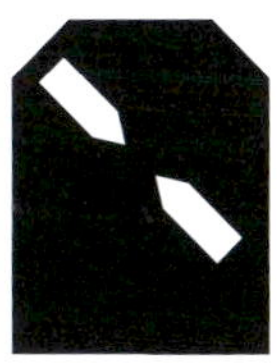

Formsignal: Die Pfeile oder Streifen bilden eine von rechts nach links steigende Linie.

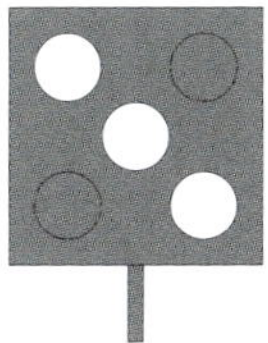

Lichtsignal: Die Lichter bilden eine von rechts nach links steigende Linie.

Das Weichensignal Wn 5 „Bogen von links nach links" als Lichtsignal einer EOW im Bahnhof Rosenheim.

Wn 5

Bedeutung: Bogen von links nach links.

Formsignal: Die Pfeile oder Streifen bilden einen nach links geöffneten rechten Winkel.

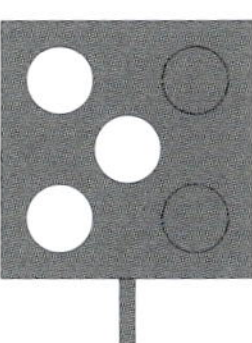

Lichtsignal: Die Lichter bilden einen nach links geöffneten rechten Winkel.

Wn 6

Bedeutung: Bogen von rechts nach rechts.

Formsignal: Die Pfeile oder Streifen bilden einen nach rechts geöffneten rechten Winkel.

Lichtsignal: Die Lichter bilden einen nach rechts geöffneten rechten Winkel.

Das Weichensignal der DKW verändert sich durch das Umklappen der schwarzen Blenden (Wn 6).

Wn 7

Bedeutung: Gleissperre abgelegt.

Ein senkrechter, schwarzer Streifen auf runder, weißer Scheibe.

Durch das Signal Wn 7 wird keine Zustimmung des Weichenwärters erteilt.

Der senkrechte Streifen auf der Laterne der Gleissperre bedeutet „Gleissperre abgelegt" (Wn 7).

Bei Neben- und Schmalspurbahnen gibt es nicht selten stark vereinfachte Weichensignale, wie hier die einfachen bemalten Blechtafeln im Bahnhof Putbus bei der Rügenschen Bäderbahn (RüBB).

Weichensignale von Rückfallweichen sind mit einem orangefarbenen Anstrich gekennzeichnet. Auch die farbige Kennzeichnung des Hebelgewichts hat eine betriebliche Bedeutung; siehe dazu Seite 152.

Signale für das Zugpersonal (Zp)

Zu ihnen gehören die Signale des Triebfahrzeugführers, die Bremsprobesignale, das Abfahrsignal und schließlich die Rufsignale. Diese Signale dienen der Kommunikation zwischen den Personalen des Zuges untereinander (Triebfahrzeugführer, Zugführer, Bremser) oder zur Warnung als allgemeines Achtungssignal. Die Signale des Triebfahrzeugführers werden dabei mit der Pfeife oder dem Signalhorn des Triebfahrzeugs gegeben.

Signale des Triebfahrzeugführers

Zp 1 Achtungssignal
Bedeutung: Achtung.

Ein mäßig langer Ton.
Das allgemeine Achtungssignal kann als Warnsignal oder als Bestätigung zur Aufnahme eines Signals gegeben werden. Bei unsichtigem Wetter ist das Signal vor Bahnübergängen ohne technische Sicherung und ohne Drehkreuze oder andere Abschlüsse wiederholt zu geben; wenn der Triebfahrzeugführer diese Bahnübergänge nicht rechtzeitig erkennen kann, hat er das Signal im Abstand von 10 bis 15 Sekunden zu geben.

Zp 2
Bedeutung: Handbremsen mäßig anziehen.

Ein kurzer Ton.

Zp 3
Bedeutung: Handbremsen stark anziehen.

Drei kurze Töne schnell nacheinander.

Zp 4
Handbremsen lösen.

Zwei mäßig lange Töne nacheinander.

Zp 5 Notsignal
Bedeutung: Beim Zug ist etwas Außergewöhnliches eingetreten – Bremsen und Hilfe leisten. Das Signal gilt für alle Eisenbahner.

Mehrmals drei kurze Töne schnell nacheinander.

Bremsprobesignale

Zp 6
Bedeutung: Bremse anlegen.

Handsignal/Tageszeichen: Beide Hände werden über dem Kopf zusammengeschlagen.

Vereinfachte Bremsprobe am ersten Wagen eines gerade bespannten Güterzuges im Bahnhof Bremen-Grolland: Der Lokführer erhält von seinem Kollegen das Signal Zp 6 „Bremse anlegen".

Bei Museumsbahnen – hier die Waldeisenbahn Muskau – sind mitunter noch mit Bremsern besetzte Züge unterwegs. Die Handbremssignale für die Bremser werden hier mit der Lokpfeife gegeben.

Zp 6

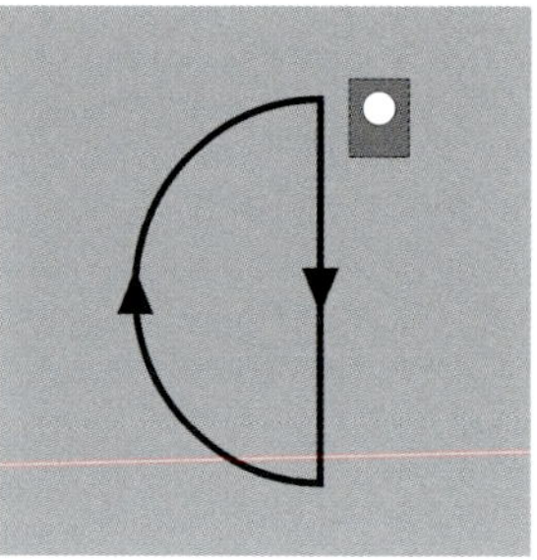

Handsignal/Nachtzeichen: Die weißleuchtende Handlaterne wird mehrmals mit der rechten Hand in einem Halbkreis gehoben und senkrecht schnell gesenkt.

Lichtsignal: Ein weißes Licht.

Zp 7

Bedeutung: Bremse lösen.

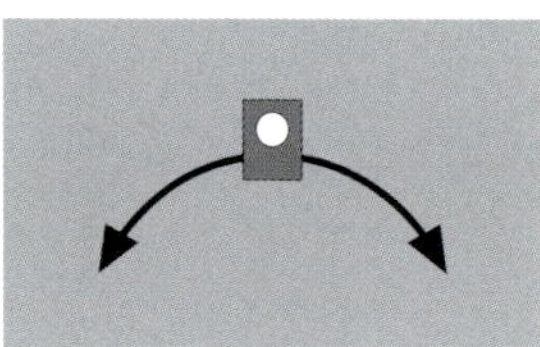

Handsignal/Tageszeichen: Eine Hand wird über dem Kopf mehrmals im Halbkreis hin- und hergeschwungen.
Handsignal/Nachtzeichen: Die weißleuchtende Handlaterne wird über dem Kopf mehrmals im Halbkreis hin- und hergeschwungen.

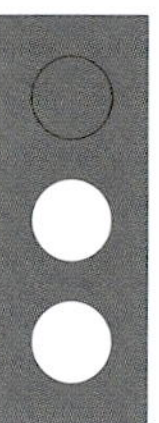

Lichtsignal: Zwei weiße Lichter senkrecht übereinander.

Zp 8

Bedeutung: Bremsen in Ordnung.

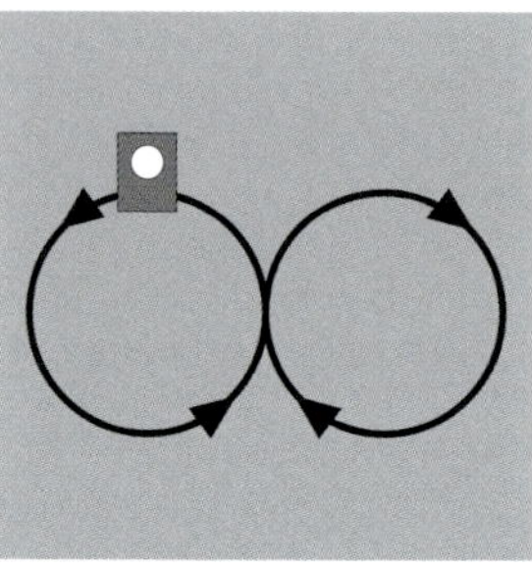

Handsignal/Tageszeichen: Beide Arme werden gestreckt senkrecht hochgehalten.
Handsignal/Nachtzeichen: Die weißleuchtende Handlaterne wird mehrmals in Form einer liegenden Acht bewegt.

Lichtsignal: Drei weiße Lichter senkrecht übereinander.

Die Bremsprobesignale ähneln Ampeln, nur mit weißen Lichtern. Zp 6 „Bremse anlegen".

Das Bremsprobesignal in München Hbf signalisiert Zp 7 „Bremse lösen".

Bremsprobesignale gibt es auf vielen großen Bahnhöfen, sie werden von den Reisenden kaum wahrgenommen. München Hbf, ein Zp 8 „Bremse in Ordnung" am Bremsprobesignal für den Zug nach Regensburg.

Abfahrsignal

Zp 9

Bedeutung: Abfahren.

Das klassische Zp 9 „Abfahren" mit Signalkelle bei der Museumsbahn Bruchhausen-Vilsen – Asendorf.

Handsignal/Tageszeichen: Eine runde, weiße Scheibe mit grünem Rand, bei nichtbundeseigenen Eisenbahnen (NE) auch das Hochhalten einer Hand.

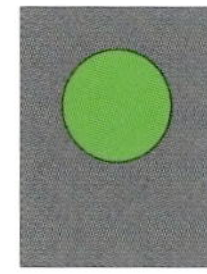

Nachtzeichen: Ein grünes Licht.

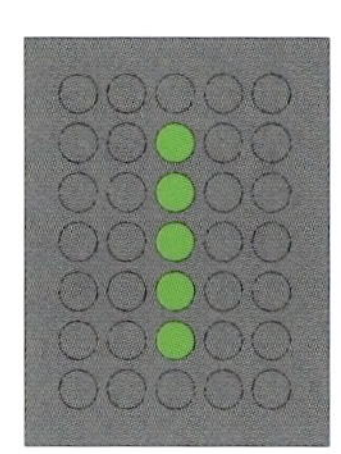

Lichtsignal: Ein grün leuchtender Ring, bis auf weiteres auch ein senkrechter, grüner Lichtstreifen.

An langen und gekrümmten Bahnsteigen werden oft mehrere Zp 9 montiert (Hamburg-Dammtor).

Das Zp 9 als Lichtstreifen findet sich nur im Netz der ehemaligen DR, wie hier in Leipzig Hauptbahnhof.

Zp 10 Türschließauftrag

Bedeutung: Türen schließen.

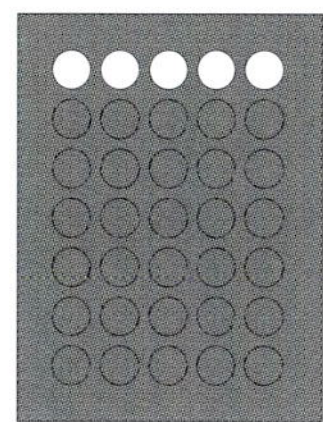

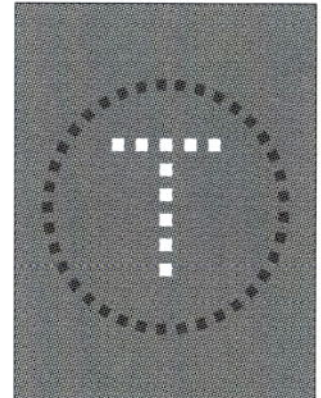

Ein waagerechter, weißer Lichtstreifen.
Bei S-Bahnen ein weiß leuchtendes „T".

München Hauptbahnhof am Abend: Ein ICE fährt auf Hp 2 „Langsamfahrt" am Bahnsteig ab. In der Bildmitte gut erkennbar leuchtet das Lichtsignal Zp 9 „Abfahren".

Fahrleitungssignale (El)

Sie kennzeichnen Fahrleitungs-Schutzstrecken, -Unterbrechungen, ausgeschaltete oder gestörte Fahrleitungsabschnitte und das Ende der Fahrleitung. Sie gelten für den Betrieb mit Oberleitung oder mit Stromschiene und bestehen aus einer auf der Spitze stehenden, weiß und schwarz umrandeten, blauen, quadratischen Tafel mit weißen Signalzeichen. Signale an Fahrleitungs-Schutzstrecken sind bei Dunkelheit beleuchtet; das Signal El 1v ist beleuchtet oder rückstrahlend. Bei einfachen Verhältnissen kann auf die Beleuchtung der Signale verzichtet werden. Wo Fahrleitungs-Schutzstrecken nur zeitweilig das Ausschalten der Triebfahrzeuge erfordern, ist für die Einfahrt in die Fahrleitungs-Schutzstrecke ein veränderliches Aus- und Einschaltsignal (El 1/El 2) vorhanden.

Wenn bei einer Gleisverzweigung bei den Signalen El 1v, El 1, El 3, El 4 und El 6 angezeigt werden soll, für welche Fahrtrichtung das Signal gilt, so wird dies durch einen Pfeil über dem Signal angezeigt. Liegen mehrere Verzweigungen kurz hintereinander und sind mehrere Gleise betroffen, so sind erforderlichenfalls zwei Pfeile über dem Signal vorhanden.

Das Signal El 1v kündigt das El 1 „Ausschalten" vor einer Fahrleitungs-Schutzstrecke bei Fürstenwalde (Spree) an.

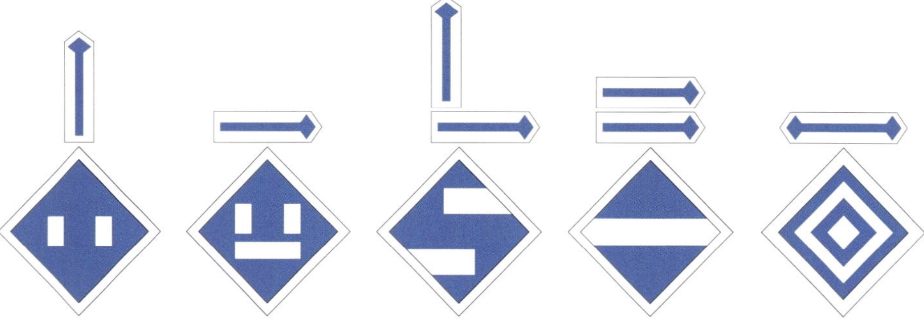

Diese beiden El 1v mit Richtungspfeilen kündigen die El 1 vor einer Fahrleitungs-Schutzstrecke an.

Ein Ausschaltsignal El 1, das durch Umschalten auch den Begriff El 2 „Einschalten erlaubt" darstellen kann.

El 1v

Bedeutung: Signal El 1 erwarten.

Zwei weiße Rechtecke waagerecht nebeneinander. Das Signal befindet sich grundsätzlich im halben Abstand des Bremswegs der Strecke vor dem Signal El 1.

El 1 Ausschaltsignal

Bedeutung: Ausschalten.

Ein zerlegtes weißes „U".

Das Signal El 1 kann mit einem Signal El 2 am gleichen Standort vereinigt sein; das Signal El 2 befindet sich dann über dem Signal El 1.

In diesem Fall muss das Triebfahrzeug spätestens am Standort des Signals ausgeschaltet sein und darf nach der Vorbeifahrt am Signal und Wiederkehr der Fahrleitungsspannung wieder eingeschaltet werden. Die am gleichen Standort vereinigten Signale El 1 und El 2 sind bei Dunkelheit beleuchtet.

El 2 Einschaltsignal

Bedeutung: Einschalten erlaubt.

Ein geschlossenes weißes „U".

Nach Vorbeifahrt am Signal und Wiederkehr der Fahrdrahtspannung darf der Fahrzeughauptschalter wieder eingeschaltet werden. Wo die Stromsysteme wechseln, kann das Signal mit einer auf der Spitze stehenden weiß und schwarz umrandeten, blauen, quadratischen Zusatztafel ergänzt sein, auf der sich eine weiße Sinuskurve (Anfang der Wechselstromspannung) oder zwei waagerechte weiße Streifen (Anfang der Gleichstromspannung) befinden.

Das Tfz darf erst nach dem Systemwechsel wieder eingeschaltet werden.

Am Signal El 2 darf nach Vorbeifahrt der Hauptschalter wieder eingeschaltet werden.

Am gemeinsamen El 1/El 2 darf nach Vorbeifahrt und Wiederkehr der Spannung eingeschaltet werden.

Fahrleitungsschutzstrecke an der Strecke Nürnberg – Bamberg bei Baiersdorf mit Ausschaltsignalen El 1 und Einschaltsignalen El 2. Der Güterzug rollt hier noch mit ausgeschaltetem Hauptschalter.

Wegen der Peene-Klappbrücke an der nördlichen Ausfahrt des Bahnhofes Anklam ist die Streckenfahrleitung unterbrochen. Links das Signal El 4 „Bügel ab", rechts El 1 „Ausschalten", davor Lf 7 für 30 km/h.

El 3 Bügel-ab-Ankündesignal

Bedeutung: Signal „Bügel ab" erwarten.

Zwei in der Höhe gegeneinander versetzte weiße Streifen.

El 4 Bügel-ab-Signal

Bedeutung: Bügel ab. Das Signal kennzeichnet den Beginn eines Gleisabschnitts, der nur mit gesenkten Stromabnehmern befahren werden darf. Am Signal müssen die Stromabnehmer gesenkt sein.

Ein waagerechter, weißer Streifen.

Gemeinsame El 4- und El 5-Signale mit Zusatzschildern für ICE in München Hbf, Vorstellgruppe Süd.

Die Ellok durchfährt mit Schwung und ausgeschaltetem Hauptschalter die kurze Fahrleitungs-Schutzstrecke mit gemeinsamen El 1/El 2 am Haltepunkt Zeithain vor der Einmündung in die Strecke Dresden – Riesa.

Systemwechselstelle im Grenzbahnhof Frankfurt (Oder) Oderbrücke: Wechsel vom polnischen 3.000 Volt-Gleichspannungssystem auf das DB-Wechselspannungssystem 15 kV, 16,7 Hz. Die El-Signalisierung ist entsprechend umfangreich.

El 5 Bügel-an-Signal

Bedeutung: Bügel an. Das Signal kennzeichnet das Ende eines Gleisabschnitts, der mit gesenkten Stromabnehmern befahren werden muss. Der Lokführer darf mit dem Anlegen erst beginnen, wenn das Triebfahrzeug am Signal vorbeigefahren ist.

Ein senkrechter, weißer Streifen.

Das Signal kann wie beim Signal El 2 mit dem Hinweis auf den Systemwechsel kombiniert werden.

El 6

Bedeutung: Halt für Fahrzeuge mit gehobenen Stromabnehmern.

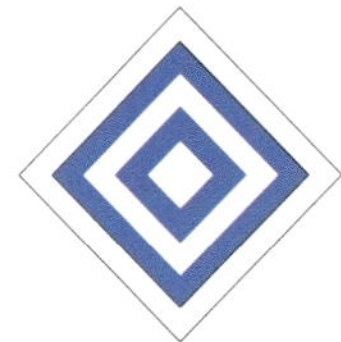

„Bügel an"-Signal El 5 im Betriebsbahnhof Berlin-Rummelsburg mit Zusatzschild für ICE 1.

El 5 mit dem Hinweis auf den Systemwechsel vom polnischen Gleich- in das deutsche Wechselspannungssystem.

El 6 mit Richtungspfeil. Es folgt im Regelfall ein Streckenabschnitt ohne Oberleitung/Stromschiene.

Ein El 6 vor einer Halleneinfahrt. Die Halle selbst ist nicht überspannt (München Pasing Bbf).

Ein auf der Spitze stehender quadratischer weißer Rahmen mit innenliegendem weißem Quadrat.

Der Eisenbahninfrastrukturunternehmer darf das Vorbeileiten der Spitze eines Triebfahrzeugs mit gehobenem Stromabnehmer am Signal El 6 zulassen. Er regelt, unter welchen Bedingungen und wie die Vorbeifahrt der Spitze eines Triebfahrzeugs mit gehobenem Stromabnehmer am Signal El 6 erfolgen darf.

Das Signal kann mit einer auf der Spitze stehenden weiß und schwarz umrandeten blauen quadratischen Zusatztafel ergänzt sein, auf der sich eine weiße Länderkennung befindet (z.B. „D“ für Deutschland oder „CH“ für Schweiz). Unter der Länderkennung kann die Spannung der Fahrleitung gezeigt werden.

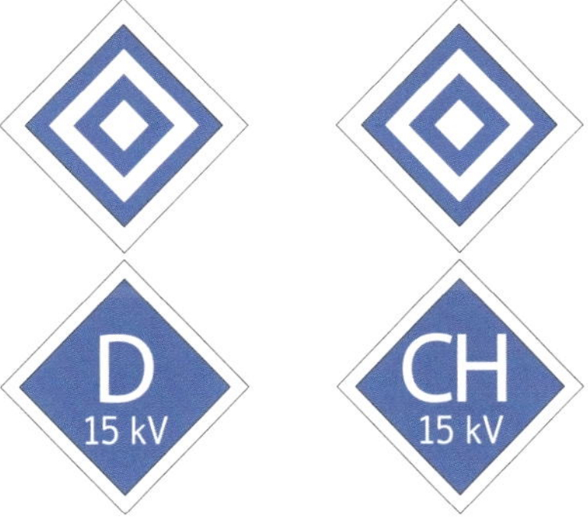

Das Signal El 6 mit Zusatztafel gilt nur für Fahrzeuge, deren gehobener Stromabnehmer der angezeigten nationalen Bauart entspricht.

Signale an Zügen und Signale an einzelnen Fahrzeugen (Zg, Fz)

Zg 1 Spitzensignal

Bedeutung: Kennzeichnung der Zugspitze.

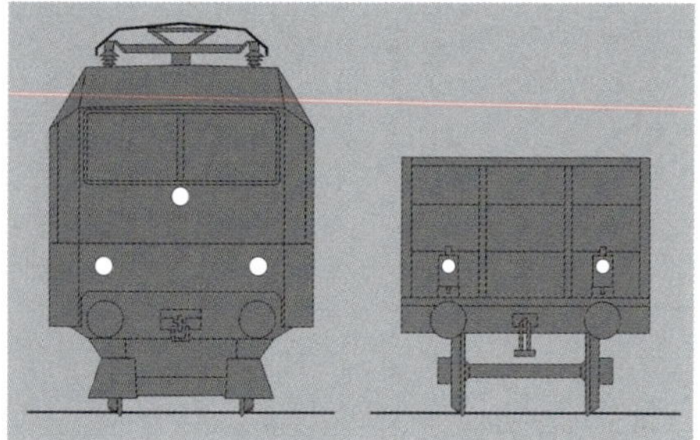

Das Dreilicht-Spitzensignal Zg 1 kennzeichnet die Zugspitze und ist auch am Tage zu führen.

Tageszeichen: Kein besonderes Signal. Nachtzeichen sind auch am Tag zu führen:

a) Signal Zg 1a: Vorn am ersten Fahrzeug, wenn dieses ein Triebfahrzeug oder Steuerwagen ist, drei weiße Lichter in Form eines A (Dreilicht-Spitzensignal).

b) Signal Zg 1b: Vorn am ersten Fahrzeug, wenn dieses nicht ein Triebfahrzeug oder Steuerwagen ist, zwei weiße Lichter in gleicher Höhe.

Bei nachgeschobenen Zügen trägt auch das Schiebetriebfahrzeug das Spitzensignal, sofern es nicht mit dem Zug gekuppelt ist. Nebenfahrzeuge, an denen wegen ihrer niedrigen Bauart das obere Licht des Signals Zg 1a nicht angebracht werden kann, führen das Signal Zg 1b).

Das Zugschlusssignal Zg 2 als klassische Aufsteck-Zugschlussscheiben bei der Rügenschen Bäderbahn.

Mithilfe des Zugschlusssignals kann die Vollständigkeit von Zügen visuell überprüft werden.

Zugschlusssignal Zg 2 als elektrisches Lichtsignal durch rote Lichter, hier an einem Reisezugwagen.

Zg 2 Schlusssignal

Bedeutung: Kennzeichnung des Zugschlusses.

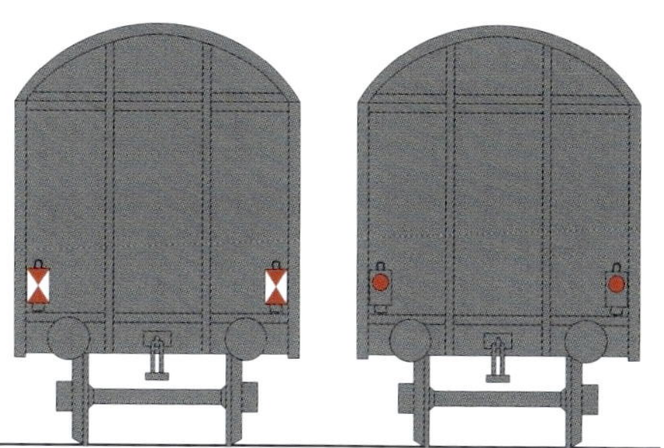

Am letzten Fahrzeug zwei rote Lichter oder zwei rot-weiße reflektierende Schilder mit weißen Dreiecken seitlich und je einem roten Dreieck oben und unten, die mit ihren Spitzen sich in der Mitte des Schildes berühren. Die roten Lichter dürfen blinken. Die Zeichen müssen in gleicher Höhe angeordnet sein.

Es ist weiterhin zu beachten, dass wenn zwei rote Lichter gezeigt werden können, dürfen andere Zeichen nicht verwendet werden. Außerdem darf der Infrastrukturunternehmer bestimmen, auf welchen Strecken die Züge zwei rote Lichter führen müssen. Dies wird in den örtlichen Zusätzen bekannt gegeben.

Fz 1 Rangierlokomotivsignal

Bedeutung: Kennzeichnung einer Lokomotive im Rangierdienst.

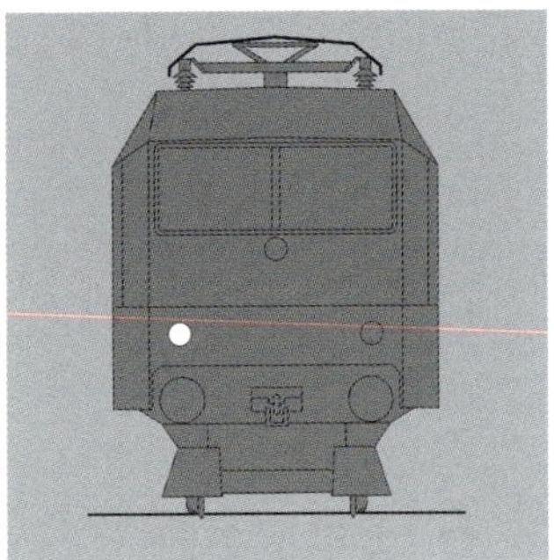

Tageszeichen: Kein besonderes Signal. Nachtzeichen: Vorn und hinten ein weißes Licht, in der Regel in Höhe der Puffer. Alternativ darf auch das Signal Zg 1a geführt werden; es muss geführt werden, wenn Bahnübergänge ohne technische Sicherung oder ohne Sicherung durch Posten befahren werden.

Diese Rangierlok im Rangierbahnhof München-Nord führt auch am Tag das Rangierlokomotivsignal Fz 1.

Fz 2 Gelbe Fahne

Bedeutung: Kennzeichnung von Wagen, die während eines Stilllagers mit Personal besetzt sind.

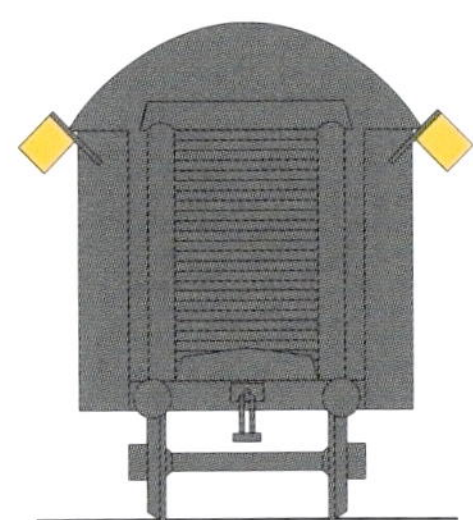

Tageszeichen: An jeder Langseite des Wagens eine gelbe Fahne oder Tafel. Nachtzeichen: Das Tageszeichen; außerdem muss der Wagen nach außen erkennbar im Inneren beleuchtet sein.

Die gelbe Fahne Fz 2 zur Kennzeichnung von abgestellten, aber besetzten Wagen sieht man relativ selten.

Arbeiter im Gleisbereich verrichten schwere und gefährliche Arbeit, die abgesichert werden muss.

Das Ro 4 kennzeichnet die Gleisseite, auf die sich die Arbeiter bei Räumung der Arbeitsgleise begeben sollen.

Rottenwarnsignale (Ro)

Ro 1

Bedeutung: Vorsicht! Im Nachbargleis nähern sich Fahrzeuge.

Mit dem Horn ein langer Ton als Mischklang aus zwei verschieden hohen Tönen.

Ro 2

Bedeutung: Arbeitsgleise räumen.

Mit dem Horn zwei lange Töne nacheinander in verschiedener Tonlage.

Ro 3

Bedeutung: Arbeitsgleise schnellstens räumen.

Mit dem Horn mindestens fünfmal je zwei kurze Töne nacheinander in verschiedener Tonlage.

Ro 4 Fahnenschild

Kennzeichnung der Gleisseite, nach der beim Ertönen der Rottenwarnsignale Ro 2 und Ro 3 die Arbeitsgleise zu räumen sind.

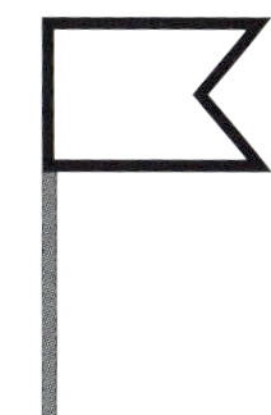

Ein weißes Fahnenschild mit schwarzem Rand.

Nebensignale, Sonstige Signale (Ne, So)

Ne 1 Trapeztafel

Bedeutung: Kennzeichnung der Stelle, wo bestimmte Züge vor einer Betriebsstelle zu halten haben.

Eine weiße Trapeztafel mit schwarzem Rand an schwarz und weiß schräg gestreiftem Pfahl.

Bei den Eisenbahnen des Bundes steht die Trapeztafel vor Bahnhöfen ohne Einfahrsignale. Auf Strecken mit Zugleitbetrieb kann sie auch vor anderen Zuglaufstellen stehen. Bei den NE bestimmt der Betriebsleiter, wo die Trapeztafel aufgestellt ist. An Gleisen entgegen der gewöhnlichen Fahrtrichtung kann die Trapeztafel aufgestellt sein, wenn dort kein gültiges Haupt- oder Sperrsignal vorhanden ist. Sie ist dann mit einer Kilometerangabe ergänzt.

Die Trapeztafel Ne 1, hier die rückstrahlende Ausführung, steht anstelle eines Einfahrsignals vor Bahnhöfen.

Bahnhof Niebüll: Dieses Signal Ne 1 mit Kilometerangabe steht am Gegengleis auf Höhe des Einfahrsignals.

Einfahrt Bahnhof Simmelsdorf (Strecke Nürnberg Hbf – Simmelsdorf-Hüttenbach) mit (v.l.n.r.): Trapeztafel Ne1, Pfeiftafel Bü 4 und Pfeiftafel Bü 4 in Kombination mit einem Geschwindigkeitssignal Lf 7 für 20 km/h.

Auf Hauptbahnen steht das Ne 1 mit Kilometerangabe entgegen der gewöhnlichen Fahrtrichtung anstatt eines Haupt- oder Sperrsignals in Höhe des Einfahr- oder Blocksignals am Gleis (vor dem Abzweig Oberhausen-Osterfeld).

Ne 2 Vorsignaltafel

Bedeutung: Kennzeichnung des Standortes eines Vorsignals.

Eine schwarzgeränderte weiße Tafel mit zwei übereinander stehenden schwarzen Winkeln, die sich mit der Spitze berühren.

Als Kennzeichnung des Standorts eines dreibegriffigen Formvorsignals kann über der Vorsignaltafel eine dreieckige, schwarz geränderte Tafel mit einem schwarzen Punkt angebracht sein.

Die Vorsignaltafel ist nicht aufgestellt vor einem Lichtvorsignal an einem Lichthauptsignal bzw. vor einem Lichthauptsignal, das zugleich Vorsignalfunktion besitzt, und vor einem Vorsignalwiederholer. Die Vorsignaltafel kann allein stehen an Stelle eines Vorsignals zur Kennzeichnung des Bremswegabstandes der Strecke vor einem Hauptsignal, einem Lichtsperrsignal oder einer Trapeztafel und als Hinweis auf ein Vorsignal, das nicht rechts neben oder über dem Gleis steht.

Die Vorsignaltafel Ne 2 kennzeichnet den Standort eines Vorsignals, so wie hier am Haltepunkt Zeithain.

Dieses Ne 2 steht allein im Bremswegabstand vor einem Einfahrtsignal. Das Lf 6 kündigt 40 km/h an.

Das weiße Dreieck kennzeichnet den um mehr als fünf Prozent verkürzten Bremswegabstand des Vorsignals.

Ist der Abstand des Vorsignals oder der Vorsignaltafel zum zugehörigen Signal um mehr als fünf Prozent kürzer als der Bremsweg der Strecke, dann trägt die Vorsignaltafel auf dem oberen Rand ein auf der Spitze stehendes weißes Dreieck mit schwarzem Rand, nicht jedoch bei Vorsignalen mit einem weißem Zusatzlicht.

Der verkürzte Abstand des zweibegriffigen Formvorsignals kann durch eine schwarz geränderte, weiße Tafel mit zwei übereinander stehenden schwarzen Winkeln gekennzeichnet sein, deren Spitzen durch einen schwarzen Ring verdeckt sind. Beim dreibegriffigen Vorsignal trägt dieses Signal noch darüber eine dreieckige, schwarz geränderte, weiße Tafel mit einem schwarzen Punkt.

Vorsignaltafel mit Kennzeichnung des verkürzten Bremswegs am Abzweig Röderau Bogendreieck.

Lichtsignale können anstatt der Vorsignaltafel mit einem Vorsignalmastschild gekennzeichnet sein, das aus einem mit der Spitze nach unten weisenden gelben Dreieck besteht.

Lichthauptsignale, die zugleich Vorsignalfunktion besitzen, können unter dem weiß-rot-weißen Mastschild das Mastschild mit dem nach unten weisenden gelben Dreieck tragen.

Ne 3 Vorsignalbaken

Bedeutung: Ein Vorsignal ist zu erwarten.

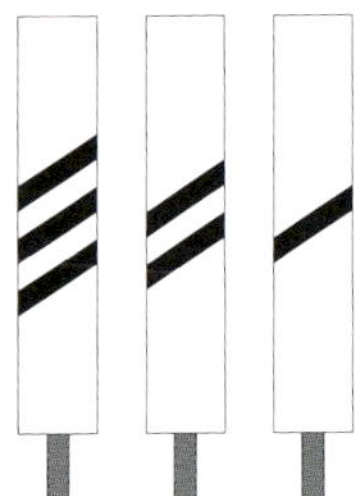

Drei, in Ausnahmefällen auch weniger oder bis zu fünf aufeinanderfolgende viereckige, weiße Tafeln mit einem oder mehreren nach rechts steigenden schwarzen Streifen, deren Anzahl in der Fahrtrichtung abnimmt. Ist der Abstand eines Vorsignals vom Hauptsignal um mehr als fünf Prozent kürzer als der Bremsweg der Strecke, dann trägt die erste Bake auf dem oberen Rand ein auf der Spitze stehendes weißes Dreieck mit schwarzem Rand. Das Dreieck darf bis auf weiteres fehlen.

Ausnahmsweise werden an unübersichtlichen Streckenabschnitten und in Kurven bis zu fünf Ne 3 aufgestellt.

Ne 3 in niedriger Bauform mit Dreieck zur Kennzeichnung des verkürzten Bremswegabstandes des Vorsignals.

Rückstrahlende Schachbretttafel in der hohen rechteckigen Ausführung mit Zuordnungstafel.

Die Schachbretttafel Ne 4 gibt es auch noch in dieser niedrigen, quadratischen Ausführung (Rostock Hbf).

Ne 4 Schachbretttafel

Bedeutung: Das Hauptsignal steht – abweichend von der Regel – an einem anderen Standort.

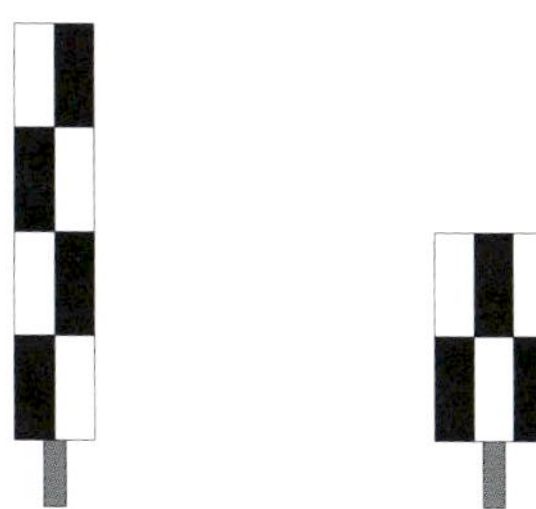

Eine viereckige, schachbrettartig schwarz und weiß gemusterte Tafel. Ein unmittelbar rechts vom zugehörigen Gleis stehendes Signal Ne 4 weist auf ein Hauptsignal hin, das entweder

- unmittelbar links,
- mehr als 10 m rechts oder
- ein Gleis weiter rechts vom befahrenen Gleis steht.

Ein unmittelbar links vom zugehörigen Gleis stehendes Signal Ne 4 weist auf ein Hauptsignal hin, das unmittelbar rechts vom befahrenen Gleis steht. Ein unmittelbar links vom zugehörigen Gleis stehendes Signal Ne 4 weist auch auf ein Sperrsignal hin, das für Fahrten entgegen der gewöhnlichen Fahrtrichtung unmittelbar rechts vom befahrenen Gleis steht.

Ne 5 Haltetafel

Bedeutung: Kennzeichnung des Halteplatzes der Zugspitze bei planmäßig haltenden Zügen.

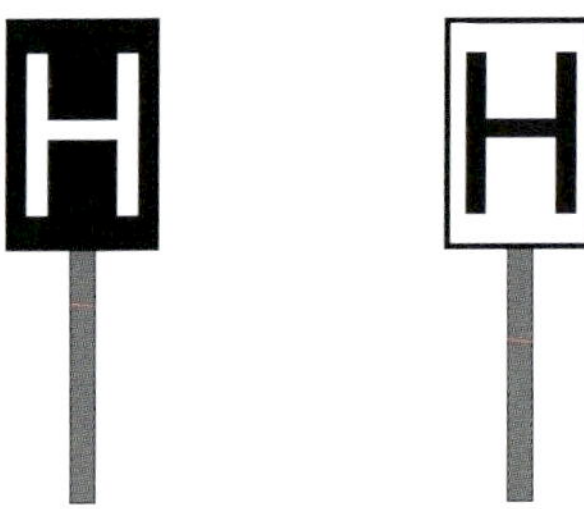

Eine hochstehende, weiße Rechteckscheibe mit schwarzem Rand und schwarzem „H“ oder schwarze Rechteckscheibe mit weißem „H“. Am Signal können Zusatztafeln angebracht sein, welche die Halteplätze von unterschiedlich langen Zügen kennzeichnen („Kurzzug“, „100 m“). Durch eine hochstehende, schwarze Rechteckscheibe mit weiß blinkendem „H“ kann die Anforderung eines Bedarfshalts angezeigt werden.

Die Haltetafel Ne 5, kurz H-Tafel, ist auf vielen Bahnhöfen und Haltepunkten anzutreffen.

Zusatzschilder kennzeichnen, für welche Züge diese Haltetafel Ne 5 gilt (S-Bahn München).

Die rechts neben dem Gleis stehende Haltepunkttafel Ne 6 kündigt den Haltepunkt Kröpelin an.

Ne 6 Haltepunkttafel

Bedeutung: Ein Haltepunkt ist zu erwarten.

Eine schräg zum Gleis gestellte, waagerechte, weiße Tafel mit drei schwarzen Schrägstreifen. Das Signal kündigt Haltepunkte oder Haltestellen an, die infolge der örtlichen Verhältnisse schwer zu erkennen sind. Das Signal steht

– auf Hauptbahnen im Abstand des Bremsweges der Strecke,
– auf Nebenbahnen 150 Meter vor dem Bahnsteig.

An der Pegnitztalbahn zwischen Rupprechtstegen und Velden (b. Hersbruck): Rechts vor dem 185 Meter langen Tunnel Sonnenburg steht die Haltepunkttafel Ne 6 im Abstand des Bremsweges vor dem Haltepunkt Velden.

Ne 7 Schneepflugtafel

Ne 7a, Bedeutung: Pflugschar heben.

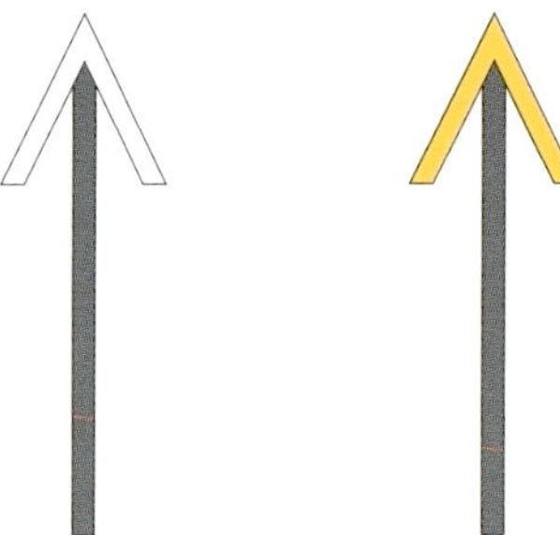

Ne 7b, Bedeutung: Pflugschar senken.

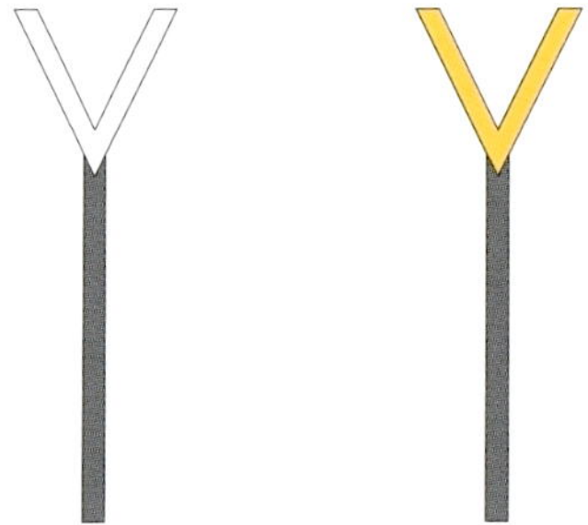

Eine weiße oder gelbe Pfeilspitze mit schwarzem Rand zeigt nach oben bzw. nach unten. Das Signal gilt nur für Schneepflüge mit beweglichen Pflugscharen.

Schneepflugtafeln gibt es in Weiß und in Gelb. Hier moderne, rückstrahlende Ne 7a und Ne 7b in Fattigau.

In Berchtesgaden Hbf stehen diese Ne 7a und Ne 7b in Weiß an einem Mast, ergänzt mit einer Zuordnungstafel.

Diese Ankündigungsbake Ne 12 steht von Bertsdorf kommend vor dem Bahnhof Zittau Vorstadt.

Ne 12 Ankündigungsbake

Bedeutung: Überwachungssignal einer Rückfallweiche (Ne 13) beachten!

Eine rechteckige, orangefarbene Tafel mit zwei waagerechten, weißen Streifen.

Ne 13 Überwachungssignal einer Rückfallweiche

Bedeutung: a) Die Rückfallweiche ist gegen die Spitze befahrbar.

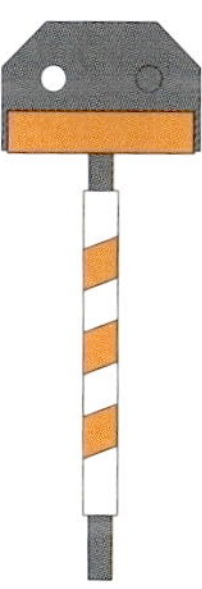

Ein weißes Licht über einem orangefarbenen, waagerechten Streifen und einem orange-weiß schräg gestreiften Mastschild.

Überwachungssignal Ne 13 einer Rückfallweiche an der Einfahrt des Bahnhofes Sitzendorf-Unterweißbach.

Der Bahnhof Sitzendorf-Unterweißbach an der Schwarzatalbahn ist mit Rückfallweichen ausgestattet. Neben der Trapeztafel Ne 1 steht deshalb die Ankündigungsbake Ne 12 für die Rückfallweiche.

Wenn das weiße Licht des Ne 13 nicht leuchten würde, wäre die Rückfallweiche gegen die Spitze nicht befahrbar.

Ne 14 in Großbrembach an der SFS Erfurt – Halle/ Leipzig. Das Signal gilt für das Gleis, auf das der Pfeil weist.

Bedeutung: b) Die Rückfallweiche ist gegen die Spitze nicht befahrbar, vor der Weiche halten!

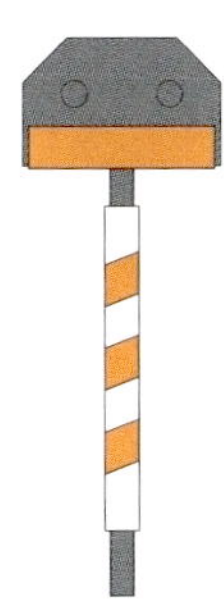

Ein orangefarbener, waagerechter Streifen über einem orange-weiß schräg gestreiften Mastschild.

Ne 14 ETCS-Halt-Tafel
(ETCS Stop marker)

Bedeutung: Halt für Züge in ETCS-Betriebsart SR.

Ein gelber Pfeil mit weißem Rand auf einer blauen, quadratischen Tafel. Die Pfeilrichtung gibt das Gleis an, für das das Signal gilt. Am Signal ist eine eindeutige Kennzeichnung der ETCS-Blockstelle angebracht. Ein alleinstehendes Signal Ne 14 gebietet Halt für Züge, die nicht in der ETCS-Betriebsart FS oder OS verkehren sowie für Rangier- und für Kleinwagenfahrten.

So 1 Endtafel

Bedeutung: Fahren auf Sicht beenden.

Eine viereckige, rote Tafel mit liegendem weißem Kreuz. Das Signal gilt nur bei der S-Bahn Berlin.

Das nur bei der S-Bahn Berlin gültige Signal So 1 am S-Bahnhof Springpfuhl, Berlin.

So 19 Hauptsignalbaken

Bedeutung: Ein Hauptsignal ist zu erwarten.

Drei aufeinanderfolgende viereckige, orangefarbene Tafeln mit einer, zwei oder drei weißen Kreisflächen, deren Zahl in Fahrtrichtung abnimmt. Die Signale sind vorrangig auf Strecken mit automatischem Streckenblock aufgestellt.

Hauptsignalbaken So 19 kündigen ein Hauptsignal an, hier südlich vom Bahnhof Berlin-Schönefeld Flughafen.

Kreuztafel So 106 des Bahnhofes Bertsdorf, allerdings mit fehlender schwarz-weißer Markierung des Pfahls.

So 106 Kreuztafel

Bedeutung: Bei fehlendem Vorsignal wird angezeigt, dass ein Hauptsignal zu erwarten ist.

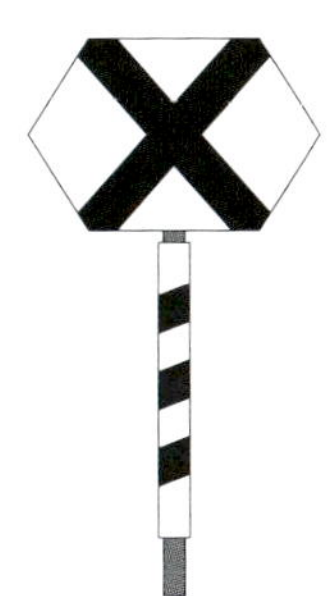

Eine weiße Sechseckscheibe mit liegendem schwarzem Kreuz an einem schwarz und weiß gestreiften Pfahl. Die Kreuztafel wird nur auf Nebenbahnen angewandt und ist im Abstand des für die Strecke festgelegten Bremsweges vor dem Hauptsignal unmittelbar rechts neben dem Gleis aufgestellt.

Die Kreuztafel So 106 kann auf Nebenbahnen anstelle eines fehlenden Vorsignals stehen, wie hier an der Schmalspurbahn Kühlungsborn West – Bad Doberan vor dem Bahnhof Heiligendamm.

Signale an Bahnübergängen (Bü)

Diese Signale informieren den Triebfahrzeugführer über die technische Funktion und das sich daraus ergebende Verhalten an technisch gesicherten und nicht technisch gesicherten Bahnübergängen. Die Überwachungssignale stehen bei den Eisenbahnen des Bundes in der Regel im Abstand des Bremsweges der Strecke vor dem Bahnübergang. Bei den NE stehen die Signale in der Regel in einem für das Abbremsen ausreichenden Abstand rechts neben dem Gleis.

Bü 0

Bedeutung: Halt vor dem Bahnübergang! Weiterfahrt nach Sicherung.

Eine runde, gelbe Scheibe in einer gelben Umrahmung über einem schwarz-weiß schräg gestreiften Mastschild. Das Signal kann anstatt der Scheibe und der gelben Umrahmung auch zwei waagerecht angeordnete gelbe Lichter oder rückstrahlende Scheiben zeigen.

Bü 1

Bedeutung: Der Bahnübergang darf befahren werden.

Ein Überwachungssignalwiederholer, wie er auf dem Gebiet der ex DR anzutreffen ist. Das Signal zeigt Bü 1.

Überwachungssignal mit Bü 0 und der Kennzeichnung „Überwachungssignalwiederholer“ am Mast.

Ein blinkendes, weißes Licht über einer runden, gelben Scheibe in einer gelben Umrahmung über einem schwarz-weiß schräg gestreiften Mastschild. Das Signal kann anstatt des weißen Blinklichts über der Scheibe auch ein weißes Licht über zwei waagerecht angeordneten gelben Lichtern oder rückstrahlenden Scheiben zeigen.

Gilt das Überwachungssignal für mehrere Bahnübergänge, sind zwei Mastschilder nebeneinander angebracht.

Die Schranken sind geschlossen, das Signal zeigt das blinkende weiße Licht des Bü 1.

Das Signalschild kann auch ohne die gelbe Umrahmung sein. Das weiße Überwachungssignal blinkt.

Zusatztafel

Bedeutung: Der Abstand vom Überwachungssignal bis zum Bahnübergang ist um mehr als fünf Prozent kürzer als der Bremsweg der Strecke.

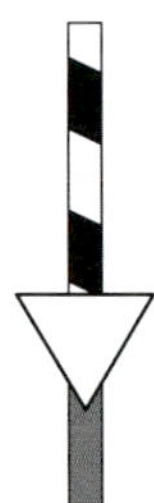

Ein rückstrahlendes, auf der Spitze stehendes weißes Dreieck mit schwarzem Rand. Bei beschränktem Raum kann das Dreieck vor dem Signal Bü 2 stehen.

Dreieckige Zusatztafel zur Kennzeichnung des verkürzten Abstandes des Überwachungssignales.

Zusatztafel

Bedeutung: Das zugehörige Signal ist eine Wiederholung des Überwachungssignals.

Eine weiß umrandete, schwarze, quadratische Tafel mit runder weißer Scheibe.

Überwachungssignal mit Bü 1 und der Tafel zur Kennzeichnung als „Überwachungssignalwiederholer".

Eine Rautentafel Bü 2 an der Kahlgrundbahn mit dem zugehörigem Überwachungssignal im Hintergrund.

Weidenberg: Rautentafel Bü 2 mit dreieckiger Zusatztafel zur Kennzeichnung des verkürzten Bremsweges.

Bü 2 Rautentafel

Bedeutung: Ein Überwachungssignal ist zu erwarten.

Eine rechteckige, schwarze Tafel mit vier auf den Spitzen übereinander stehenden Rauten. Auf die Rautentafel können weitere Rautentafeln folgen, bei denen die Anzahl der Rauten in Fahrtrichtung abnimmt.

Das Signal kennzeichnet den Anfang einer betrieblich zu beachtenden Einschaltstrecke von Blinklichtern oder Lichtzeichen mit Überwachungssignal. Es darf im Bereich der DS 301 und im Bereich DV 301 aufgestellt werden.

Ist der Abstand der Überwachungssignale vom Bahnübergang um mehr als 5 Prozent kürzer als der Bremsweg der Strecke, so befindet sich am Signal Bü 2 ein rückstrahlendes, auf der Spitze stehendes weißes Dreieck mit schwarzem Rand.

So 15 Warntafel

Bedeutung: Überwachungssignal beachten. Der Triebfahrzeugführer hat am Standort dieses Signals zu prüfen, ob das Signal Bü 1 leuchtet. Ist anstelle des oberen schwarzen Streifens eine schwarze Zahl dargestellt, gilt das Überwachungssignal für die entsprechende Anzahl von Bahnübergängen; Ausnahme: Diese werden durch Bü-Ankündetafeln bzw. Bü-Kennzeichentafeln dargestellt.

Eine rechteckige, weiße Tafel mit drei waagerechten, schwarzen Streifen.

Signal So 15 in Sellin mit dem Hinweis, dass das Überwachnungssignal für zwei Bahnübergänge gilt.

So 14 Merkpfahl, Bü 3 Merktafel

Bedeutung: Kennzeichnung des Einschaltpunktes von Blinklichtern.

Ein schwarz-weiß waagerecht gestreifter Pfahl oder eine Tafel.
Das Signal kennzeichnet auch den Einschaltpunkt von Lichtzeichen und auf mehrgleisigen Strecken sowohl den Anfang

Merkpfahl Bü 3 und Schlüsseltaste UT (Unwirksamkeitstaste) für Bahnübergang in Kröpelin.

Bahnübergangs-Kennzeichentafel bei Fürstenwalde (Spree) für einen Fußgänger-Übergang, Kilometer 43,7.

Bahnübergänge lassen sich mit der Schlüsseltaste „UT" bei Bedarf unwirksam schalten.

als auch in der Gegenrichtung an demselben Gleis das Ende der Schaltstrecke von Bahnübergangssicherungsanlagen. Ist die Schaltstrecke durch die Warntafel begrenzt, dann ist kein Merkpfahl aufgestellt.

Innerhalb der Einschaltstrecke können zusätzlich Bü-Ankündetafeln und Bü-Kennzeichentafeln aufgestellt und auch wiederholt sein. Die schwarz umrandeten, gelben oder weißen Tafeln weisen durch Kilometerangaben auf die Lage des Bahnübergangs mit Blinklichtern oder Lichtzeichen hin.

Die gelbe Tafel ist die Ankündigung, die weiße steht unmittelbar vor dem Bahnübergang.

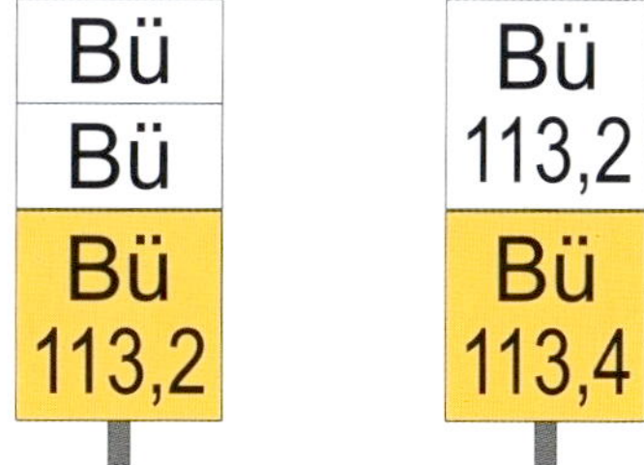

Den Anfang einer gemeinsamen Einschaltstrecke für mehrere Bahnübergänge mit Blinklichtern oder Lichtzeichen wird durch eine weiße rückstrahlende Tafel mit der Aufschrift „Bü/Bü" angezeigt. Darunter ist die Bü-Ankündetafel für den ersten

Bahnübergang. Vor dem zugehörigen Bahnübergang ist dann unter der Bü-Kennzeichentafel die Bü-Ankündetafel für den folgenden Bahnübergang. Der letzte zugehörige Bahnübergang ist mit der weißen Bü-Kennzeichentafel gekennzeichnet.

Bü 3 Merktafel

Bedeutung: Kennzeichnung des Einschaltpunktes von Blinklichtern oder Lichtzeichen mit Fernüberwachung.

Links stehende Merktafel Bü 3 mit Zuordnungspfeil und Zusatztafel für verkürzten Abstand in Dessau.

Eine schwarz-weiß waagerecht gestreifte Tafel. Zusätzlich können Bü-Ankünde- und Bü-Kennzeichentafeln aufgestellt sein.

Bü 4 Pfeiftafel

Bedeutung: Etwa 3 Sekunden lang pfeifen!

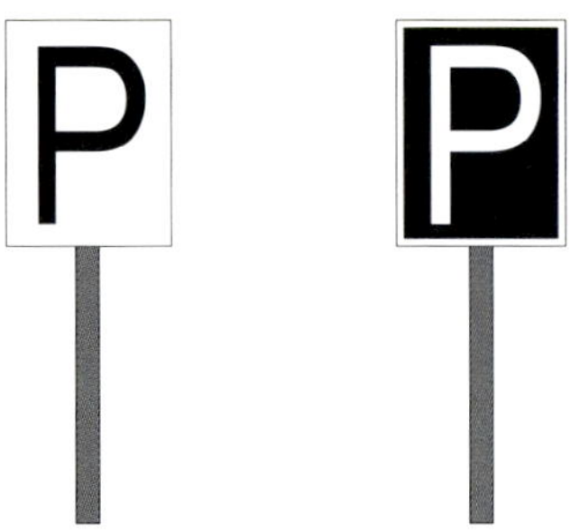

Eine rechteckige weiße Tafel mit schwarzem „P“ oder eine rechteckige schwarze Tafel mit weißem Rand und weißem „P“.

Die Pfeiftafel Bü 4 steht mindestens 200 Meter vor dem jeweiligen Bahnübergang oder der Gefahrenstelle.

Zusatztafel am Bü 4 in Ellzee: Die Pfeiftafel gilt nur für Züge, die nicht vor dem Bahnübergang halten.

Halten Züge planmäßig zwischen der Pfeiftafel und einem Bahnübergang, ist die Pfeiftafel hinter dem Halteplatz des Zuges wiederholt. Über der vor dem Halteplatz stehenden Pfeiftafel ist dann eine rechteckige, weiße Tafel mit zwei senkrechten, schwarzen Streifen angebracht.

Pf 2 Pfeiftafel vor Bahnübergängen

Bedeutung: Zweimal pfeifen!

Das Signal Pf 2 „Zweimal pfeifen!“ vor einem Bahnübergang an der Rübelandbahn in Rübeland.

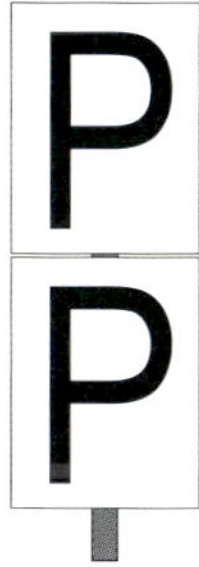

Zwei weiße Tafeln mit schwarzem „P“ senkrecht übereinander. Vom Signal Pf 2 ab ist drei Sekunden lang und kurz vor dem Bahnübergang erneut zu pfeifen. Bei Wiederholung des Signals gilt dasselbe wie beim Signal Bü 4.

Bü 5 Läutetafel

Bedeutung: Es ist zu läuten.

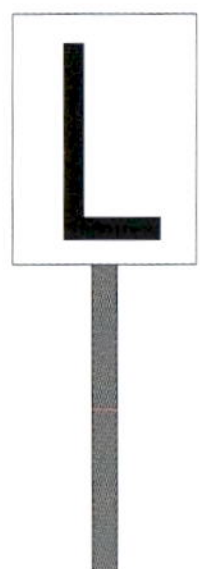

Eine rechteckige weiße Tafel mit schwarzem „L". Bei Wiederholung des Signals gilt dasselbe wie beim Signal Bü 4.

Pfeiftafel Bü 4 in Kombination mit einem Geschwindigkeitssignal Lf 7 für 20 km/h.

Auf Strecken mit technisch nicht gesicherten Bahnübergängen gehören die Pfeiftafeln Bü 4 zum gewohnten Streckenbild, wie hier bei Miltern an der Strecke von Tangermünde nach Stendal.

Die Durchläutetafel Pl 3 wird seit 1971 nicht mehr neu aufgestellt, ist aber bei Nebenbahnen noch zu finden: Einmal pfeifen und bis zur Durchläuteendtafel Pl 4 läuten. 15 km/h dürfen nicht überschritten werden.

Göggelsbuch
2 288 m

Orientierungszeichen

Orientierungszeichen

Außer den Signalen an und über den Gleisen finden wir auch Zeichen, Schilder, Anzeiger oder Tafeln als Orientierungszeichen. Sie ergänzen einen „betrieblichen Handlungsauftrag“ oder kennzeichnen eine Stelle, an der ein solcher Auftrag auszuführen ist. Die Orientierungszeichen geben selbst keinen Handlungsauftrag, und sie sind auch keine Signale im Sinne der Eisenbahn-Signalordnung. Im Signalbuch der Deutschen Bahn sind sie, und dabei keineswegs vollständig, in einem Anhang dargestellt. Ihre Darstellung im Signalbuch soll eine Hilfe vor allem für die Triebfahrzeugführer sein.

Orientierungszeichen sind keine Signale, sondern dienen als Hilfe vor allem für die Triebfahrzeugführer.

Die Orientierungszeichen haben ihren Ursprung in der Regel in anderen betrieblichen oder technischen Regelwerken. Zu ihnen gibt es keine Angaben zur Gültigkeit, also dem Beginn oder dem Ende der Anwendung.

Zugfunktafel

Bedeutung: Den angegebenen Zugfunkkanal einstellen.

Zugfunktafeln sind im Netz der DB AG nur noch sehr selten anzutreffen, hier eine bei Nörten-Hardenberg.

Die ICE-Schaltmerkhilfe ist nach Fahrleitungsschutzstrecken aufgestellt (Halle-Ammendorf).

„Automatik-HET": Zugeinwirkstelle zur automatischen Hilfseinschaltung des Bahnüberganges.

ICE-Schaltmerkhilfe

Bedeutung: Das Zeichen ist so aufgestellt, dass ein am Schluss des Zuges laufendes Triebfahrzeug die Fahrleitungsschutzstrecke durchfahren hat. Notwendig wurde es, weil auch der am Schluss des ICE laufende Triebkopf mit dem Stromabnehmer die Oberleitung berührt.

Kennzeichnung der Stellung zur Sicherung an Bahnübergängen

Schilder mit der Aufschrift „HET" oder „ET", die an der Zugeinwirkungsstelle für die automatische Einschaltung oder Hilfseinschaltung der Bahnübergangssicherungsanlage stehen

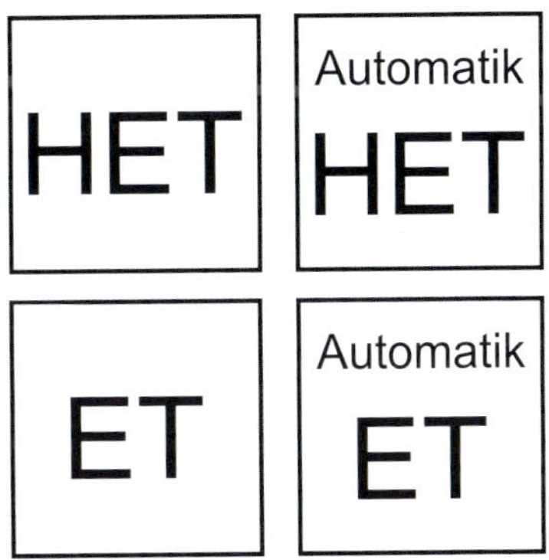

Das Schild „HET" steht an der Bedienstelle für die Hilfseinschaltung von Bahnübergangssicherungsanlagen.

Das Schild „Automatik-ET“ befindet sich an der Zugeinwirkungsstelle für die automatische Einschaltung von Bahnübergangssicherungsanlagen, und das Schild „ET“ an der Bedienstelle für die Einschaltung von Bahnübergangssicherungsanlagen.

Fahrtanzeiger in Form eines Lichtstreifens: Im Hintergrund das zugehörige Ausfahrsignal.

Fahrtanzeiger

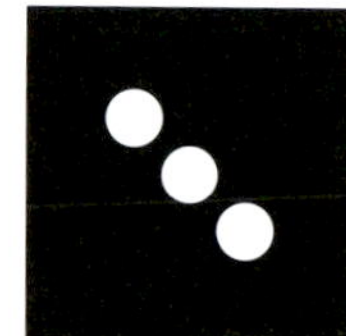

Von rechts nach links oder von links nach rechts aufsteigender Lichtstreifen oder Lichtpunkte, die der Aufsicht die Zustimmung des Fahrdienstleiters zur Abfahrt des Zuges anzeigen.

Hinweistafel auf eine Zp-9-Bedienstelle

Hinweistafel am Bahnsteig auf eine Zp-9-Bedienstelle (Schalter für das elektronische Abfahrsignal Zp 9 am Bahnsteig) für das Zugbegleitpersonal.

Hinweistafeln auf die darunter befindliche Bedieneinrichtungen für das Lichtsignal Zp 9 in Nürnberg Hbf.

LZB-Bereichskennzeichen kennzeichnen den Anfang einer LZB-Strecke und Bereichskennungswechsel.

LZB-Bereichskennzeichen

Die Tafel zeigt den Anfang eines Bereichs mit Linienzugbeeinflussung (LZB) an. Zusätzlich kennzeichnet es den Übergang zwischen zwei Linienleiterschleifenbereichen unterschiedlicher Bereichskennungswechsel (BKW).

Blockkennzeichen

Blockkennzeichen sind an den Blockstellen aufgestellt, die nicht durch den Standort eines Hauptsignals oder eines Signals Ne 14 gekennzeichnet sind.

Blockkennzeichen (ETCS location marker) an der Schnellfahrstrecke Ulm – Wendlingen bei Merklingen.

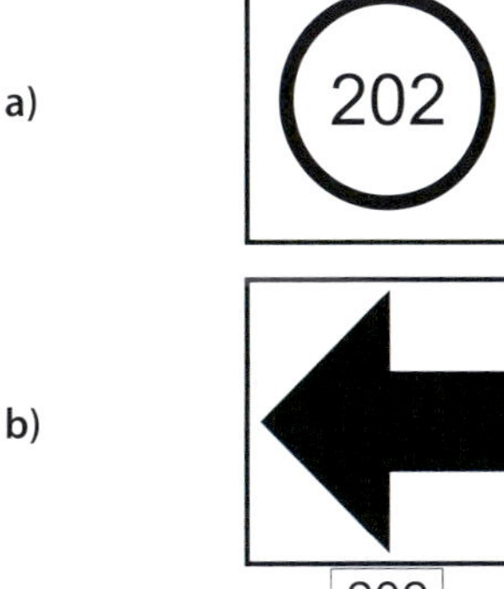

Das Blockkennzeichen nach b) (ETCS location marker) gilt für das Gleis, auf das der Pfeil weist.

Orientierungszeichen

Hektometerzeichen

Kennzeichnung der Streckenkilometrierung. Die obere Zahl gibt den Kilometer an, die untere den Hektometer.

Hektometerzeichen (oben) und darunter noch der klassische alte Kilometerstein, hier in Dessau Süd.

NBÜ-Kennzeichen

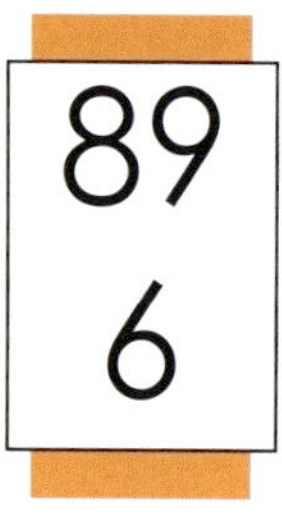

Das Hektometerzeichen kann auf Schnellfahrstrecken mit Tunneln und Brücken am oberen und unteren Rand durch je einen orangefarbenen waagerechten Streifen ergänzt sein. Für den Triebfahrzeugführer sind damit Notbremsüberbrückungsabschnitte (NBÜ) markiert, in denen er eine durch einen Fahrgast eingeleitete Notbremsung überbrücken kann, bis der Zug den Überbrückungsabschnitt verlassen hat. Diese Maßnahme soll verhindern, dass ein havarierter Zug in einem Tunnel oder auf einer Brücke zum Stehen kommt und so die Arbeit der Rettungskräfte erschwert wird.

Hektometerzeichen mit orangefarbener Markierung für Nutzung der NBÜ bei Betätigung der Notbremse.

Tunnel haben Namen: Hier der 7,7 Kilometer lange Tunnel Euerwang an der NBS Ingolstadt – Nürnberg.

Unbesetzte Signalfernsprechstellen, die noch in Betrieb sind, sind sehr selten geworden.

Bezeichnungstafel für Tunnel

Landrücken

10 779 m

Sie besteht aus dem Namen des Tunnels, dem Tunnelsymbol und der Längenangabe in Metern. Bei Tunneln unter 500 Metern Länge kann auf die Kennzeichnung verzichtet werden.

Unbesetzte Fernsprechstelle

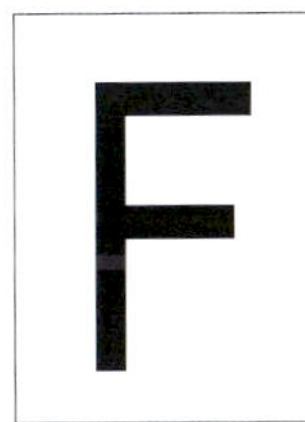

Unbesetzte Fernsprechstellen werden durch eine weiße Tafel mit einem schwarzen „F" gekennzeichnet. Sie können auch mit „Fo", „F-Sig" oder „Signalfernsprecher" bezeichnet sein. Sprechstellen in Tunneln können zusätzlich ein Hörersymbol tragen. Infolge der Einführung des digitalen GSMR-Zugfunks wird entlang der Strecken seit 2006 auf Strecken- und Signalfernsprecher verzichtet.

Orientierungszeichen

Elektrische Streckentrennung

Anfang

Ende

Die Orientierungszeichen Elektrische Streckentrennung, hier die Ende-Tafel, sind rückstrahlend gefertigt.

Zwischen dem Anfang- und dem Ende-Kennzeichen darf nicht mit gehobenem Stromabnehmer angehalten werden.
Die Schilder befinden sich an zwei Oberleitungsmasten innerhalb der offenen Streckentrennung einer Speisebezirksgrenze des Oberleitungsnetzes.

Eine offene Schutzstrecke im Bahnhof Plattling. Im Bereich zwischen den blauen Zeichen Elektrische Streckentrennung dürfen Elloks nicht mit gehobenem Stromabnehmer anhalten.

Das Schild OB, hier in Eberswalde Hbf, kennzeichnet den Beginn des Bereichs mit ortsgestellten Weichen.

Beginn Ortsstellbereich

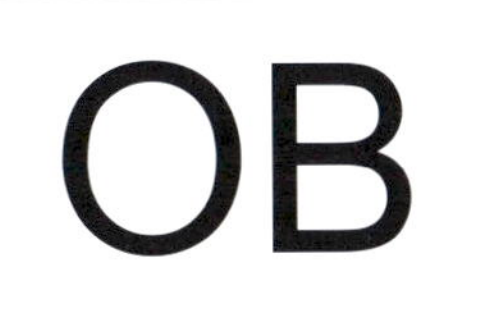

Kennzeichnung des Übergangs von einem Stellwerksbereich in einen Ortsstellbereich.

PZB

Das Orientierungszeichen kennzeichnet die Lage eines 2.000 Hz-Gleismagneten

a) vor einem nicht signalabhängigen, wärterbedienten Bahnübergang („PZB BÜ") oder

b) der nicht am Standort eines Hauptsignals angeordnet ist („PZB 2.000 Hz").

Dieses Kennzeichen PZB BÜ ist an der Strecke Mühldorf – München bei Wasentegernbach aufgestellt.

Zuglänge

150 m

An Bahnsteigen ohne eine Haltetafel Ne 5 können Orientierungszeichen „Zuglänge“ aufgestellt sein. Sie kennzeichnen den verkehrlich günstigsten Halteplatz des Zuges und sind auf der dem Gleis zugewandten Bahnsteigseite aufgestellt.

Das jeweilige EVU bestimmt, welche Orientierungszeichen „Zuglänge“ beachtet werden.

Kennzeichnung der Hebelgewichte an mechanisch ortsgestellten Weichen

Bei ortsgestellten Weichen sind die Gewichte der Weichenhebel farblich gekennzeichnet. Diese Kennzeichnung informiert über Besonderheiten, die bei der Bedienung der Weichen zu beachten sind. Die geltenden Farbanstriche sind in der Tabelle aufgeführt.

Bedeutung	Darstellung
Grundstellung	
Nur mit Zustimmung des Wärters umstellen	W
keine Grundstellung erforderlich	
Rückfallweichen	
Weichen ohne Spitzenverschluss	

Zwei benachbarte Weichen mit unterschiedlich gekennzeichneten Hebelgewichten in Klostermansfeld.

Dresden-Altstadt: Das „W" auf dem Hebelgewicht bedeutet: „Nur mit Zustimmung des Wärters umstellen".

Rückfallweiche mit gelbem Weichensignal und gelbschwarzem Hebelgewicht im Bahnhof Eisfelder Talmühle.

Die gelben Hebelgewichte dieser Weichen im Bahnhof Schwandorf bedeuten: „keine Grundstellung erforderlich".

GSM-R-Funknetztafel

Die Tafel kennzeichnet die Stelle, an der das nationale GSM-R-Funknetz beginnt.

Signalhaltmelder

Der Signalhaltmelder dient zur signaltechnisch sicheren Anzeige der Haltstellung des Einfahrsignals aus der einmündenden Zugleitstrecke.

Signalhaltmelder „21 Hm1/J“ im Bahnhof Löwenberg (Mark) am Ende der Zugleitstrecke von Herzberg (Mark).

Neben den Orientierungszeichen gibt es noch zahlreiche andere, nicht im Signalbuch zu findende Zeichen.

WÜST-Schild zur Kennzeichnung einer Wagen-Übergabestelle zwischen öffentlicher Bahn und Anschlussbahn.

München: Das „U" ist Hinweis für das Zugpersonal, dass der Bahnhof nicht mit Zugabfertigern besetzt ist.

S-Bahn Berlin: ZAT-FM (Zug-Abfertigung durch den Triebfahrzeugführer – mit Führerstands-Monitor).

Ulm Hbf, Einmündung Nord in Richtung Stuttgart: Ein Orientierungszeichen mit der Bitte um Nachtruhe.

Die Brandfackeltafel So 10 ist ein Relikt aus Dampflokzeiten. Sie signalisiert: „Nicht feuern! Aschkasten schließen!"

In Karlsruhe Hbf wird diese Zp-9-Bedienstelle durch ein stilisiertes Zp-9-Nachtzeichen gekennzeichnet.

Bei der RüBB ist in Putbus die Lokübergabestelle zwischen Bahnbetriebswerk und Bahnhof gekennzeichnet.

Glossar

Bahnhof: Bahnanlage mit mindestens einer Weiche, wo Züge beginnen, enden, kreuzen, überholen oder mit Gleiswechsel wenden dürfen. Die Grenze zwischen Bahnhof und freier Strecken bilden die Einfahrsignale oder -weichen. Es gibt nach den Aufgaben, der verkehrlichen Bedeutung und nach der Lage im Netz verschiedene Bahnhofstypen.

Betriebsstelle: Bahnanlage zur fahrdienstlichen Regelung und Sicherung des Zug- und Rangierbetriebes auf Bahnhöfen und auf freier Strecke, zum Beispiel Stellwerke, Befehlsstellen, Block- und Abzweigstellen, Schrankenposten.

Blockabschnitt: Streckenabschnitt zwischen zwei Zugfolgestellen liegend und von Blocksignalen begrenzt, in den ein Zug erst einfahren darf, wenn ihn der vorausgefahrene Zug verlassen hat. Lange Blockabschnitte werden, um eine dichtere Zugfolge zu erzielen, in zwei oder mehrere Blockabschnitte unterteilt.

BÜ: Bahnübergang. Niveaugleiche Kreuzung von Schienen und Straße.

Bremswegabstand: Der Abstand, in dem auf Bahnstrecken in der Regel Vor- und Hauptsignal voneinander entfernt stehen. Er ergibt sich aus dem Bremsweg eines Zuges bei einer Betriebsbremsung und beträgt auf Hauptbahnen in der Regel 1.000 Meter, und bei Nebenbahnen 400 Meter.

Durchrutschweg (auch Schutzstrecke genannt): Gleisabschnitt hinter dem die Einfahrstraße begrenzenden Signal, der freizuhalten ist für den Fall, dass ein Zug über den für ihn festgelegten Halteplatz hinausfährt.

ETCS: European Train Control System. Das ETCS ist eine Zugsicherungs-Komponente des European Rail Traffic Management Systems (ERTMS). ERTMS ist ein Leitsystem für das Management und die Steuerung des Eisenbahnverkehrs, um die Interoperabilität des Zugverkehrs in Europa zu fördern. Mit der Zugsicherung ETCS sollen im Endausbau alle bisher verwendeten Zugsicherungssysteme in den einzelnen EU-Staaten durch das einheitliche System ersetzt werden.

Ersatzsignal: Zusatzsignal am Hauptsignal, das die vorsichtige Vorbeifahrt am Halt zeigenden Signal erlaubt.

Fahrstraße: Nach dem Verschlussplan technisch gesicherter Fahrweg. Die Sicherung umfasst die Signalabhängigkeit der Weichen und Flankenschutzeinrichtungen, den Ausschluss feindlicher Fahrstraßen, die Fahrstraßenfestlegung und Fahrwegprüfung. Bei einfachen betrieblichen Bedingungen wird auf die Fahrstraßenfestlegung und die selbsttätige Gleisfreimeldung verzichtet.

Grundstellung: Definierte Stellung, in der sich Weichen, Gleissperren, Riegel, Signale und andere Stellwerkseinrichtungen befinden sollten, wenn keine Zug- oder Rangierfahrt stattfindet. Gesichtspunkte für die Grundstellung: meistbefahrene Stellung, Flankenschutzstellung bzw. Fahrtmöglichkeit auf geradem Strang. Die Grundstellung ist im Lageplan durch ein Pluszeichen bei Weichen an der Stelle der abliegenden Zunge angegeben.

GSM-R: Global System for Mobile Communications – Rail(way) (**GSM-R** oder GSM-Rail) ist das bahneigene digitale Mobilfunksystem der europäischen Eisenbahnen. Mit diesem, auch digitaler Zugfunk genannten System, findet die für den Bahnbetrieb erforderliche Kommunikation mit dem fahrenden Zug statt.

Hektometerzeichen: (früher auch Abteilungszeichen genannt) Mit weißem Farbanstrich versehene Tafel – oft an den Oberleitungsmasten befestigt –, die in schwarzen Ziffern Kilometer (obere Ziffer) und Hektometer (untere Ziffer) anzeigen.

La-Stelle: Langsamfahrstelle. Der Gleisabschnitt einer Bahnstrecke, der strecken- oder baubedingt nicht mit der für diesen Streckenabschnitt zulässigen Höchstgeschwindigkeit befahren werden darf. LA-Stellen werden in der Regel durch Langsamfahrsignale (Lf-Signale) signalisiert.

La-Verzeichnis: Wöchentlich an einen speziellen Verteiler herausgegebene „Zusammenstellung der vorübergehenden Langsamfahrstellen und anderen Besonderheiten (La)".

LZB: Linienförmige Zugbeeinflussung. Art der Zugbeeinflussung, bei der die Informationen von der Strecke zum Triebfahrzeug während der gesamten Fahrt des Triebfahrzeugs über die LZB-Strecke übertragen werden und auf dem Triebfahrzeug der Soll- und der Ist-Fahrtverlauf verglichen und im Bedarfsfall korrigiert wird.

Nachtzeichen: Darstellung eines Signalbegriffs bei Dunkelheit bei normalen meteorologischen Sichtverhältnissen. Die Nachtzeichen für Formsignale und solche, die durch Zeichen mit den Händen gegeben werden, enthält das Signalbuch.

NE-Bahnen: Nichtbundeseigene Bahnen. Eisenbahn- und -infrastrukturunternehmen, die sich nicht mehrheitlich im Besitz des Bundes befinden. Sie werden von privaten Investoren oder von der öffentlichen Hand (Bundesländer, Landkreise, Städte, Gemeinden) betrieben. Es existieren aber auch Eigenbetriebe von Kommunen in öffentlich-rechtlicher Form.

Nebenbahn: Eisenbahnstrecke mit geringer verkehrlicher Bedeutung. Sie erfüllt Zubringeraufgaben für die Hauptbahnen. Für Nebenbahnen sind größere Steigungen und kleinere Halbmesser zugelassen, sodass sie gut an die Geländeformen angepasst werden konnten.

PZB: Punktförmige Zugbeeinflussung. Art der Zugbeeinflussung, bei der die Informationen von der Strecke zur Lokomotive oder zum Triebwagen nur an bestimmten Stellen der Bahnhöfe oder Strecken übertragen werden. Arten: mechanische, elektromechanische, magnetische, induktive, radioaktive, optische Zugbeeinflussung.

Rangierabteilung: Einheit, die beim Rangieren zu bewegen ist, bestehend aus einem oder mehreren Eisenbahnfahrzeug(en), das (die) durch Maschinen-, Muskel- oder Schwerkraft bewegt wird (werden) und in der Regel nur innerhalb eines Bahnhofs verkehrt.

Rangieren: Bewegen von Regelfahrzeugen und schweren Nebenfahrzeugen mit der Ausnahme der Zugfahrten – in der Regel innerhalb der Bahnhöfe und Anschlussstellen – einschließlich der hierzu erforderlichen Arbeiten, zum Beispiel An- und Abkuppeln der Fahrzeuge, Sicherung stillstehender Fahrzeuge, Auslegen von Hemmschuhen.

Rangierfahrstraße: Einrichtung zur Gewährleistung unfallfreien und zügigen Rangierens unter Anwendung der Signalabhängigkeit. Hauptanwendung beim Gleisbildstellwerk unter vereinfachten Fahrweg- und Flankenschutzbedingungen.

Rangierfahrt: Fahrt einer Rangierabteilung, unterschieden in begleitete und unbegleitete Rangierfahrten.

Rückfallweiche: Eine spezielle Weiche, die aufgefahren werden darf und die danach mit einer Verzögerung von einigen Sekunden wieder in die Grundstellung zurückfällt. Rückfallweichen lassen sich zum Rangieren bei Bedarf mittels Handstellvorrichtung wie normale ortsgestellte Weichen umstellen.

Schutzstrecke (Oberleitung): Ein Übergangsstück in Fahrleitungen welches dazu dient, zwei unterschiedliche Speiseabschnitte elektrisch voneinander zu trennen.

Sperrfahrt: Eine Zugfahrt, die vom Fahrdienstleiter in ein gesperrtes Gleis der freien Strecke eingelassen wird. Gründe für die Gleissperrungen können sein: die Bedienung eines Gleisanschlusses, ein liegengebliebener Zug, die Unbefahrbarkeit des Gleises, oder Personen im Gleis.

Stumpfgleis: Nur einseitig über einen Weichenanschluss mit anderen Gleisen verbundenes, oft kurzes Gleis. Es gibt auch lange Stumpfgleise, so sind zum Beispiel alle Gleise in Kopfbahnhöfen Stumpfgleise.

Tageszeichen: Darstellung eines Signalbegriffs am Tage bei normalen meteorologischen Sichtverhältnissen. Die Tageszeichen für Formsignale und solche, die durch Zeichen mit den Händen gegeben werden, enthält das Signalbuch.

Verkürzter Bremswegabstand: Steht ein Vorsignal oder ein Vorsignalwiederholer in einem geringeren als dem regulären Abstand des Bremsweges vor dem zugehörigen Signal, so handelt es sich um einen verkürzten Bremswegabstand, welcher am Signal besonders angezeigt wird.

Zugfahrt: Fahrt eines Zuges auf freier Strecke sowie Ein-, Aus- oder Durchfahrt auf einem Bahnhof unter Schutz der Hauptsignale.

Zugleitstrecke: Beim vereinfachten Nebenbahndienst – auch Zugleitbetrieb (ZLB), auf Nebenbahnen mit einfachen Betriebsverhältnissen und schwachem Zugverkehr nach besonderer Vorschrift bzw. Richtlinie – wird die Strecke in einen oder mehrere Abschnitte, die Zugleitstrecken, eingeteilt. Innerhalb dieser wird ein Bahnhof, der Zugleitbahnhof, für die Regelung und Sicherung des Zugverkehrs bestimmt. Die Bahnhöfe und mit Fernsprecher ausgerüstete Haltepunkte heißen Zuglaufstellen. Der Zugleitbahnhof ist mit einem Fahrdienstleiter, dem Zugleiter (ZL) besetzt, der als Streckenfahrdienstleiter den Zugverkehr regelt und verantwortet. Er erhält vom Triebfahrzeug- oder vom Zugführer auf den Zuglaufstellen die Meldungen über den Zuglauf.

Zwischensignal: Hauptsignal innerhalb eines Bahnhofs, dass weder Einfahr- noch Ausfahrsignal ist. Sie haben für den rückgelegenen Gleisabschnitt die sinngemäße Bedeutung eines Ausfahrsignals und für den vorgelegenen Gleisabschnitt die eines Einfahrsignals.

Die hier aufgeführten Fachbegriffe und Abkürzungen sind nur eine Auswahl und erheben keinen Anspruch auf Vollständigkeit. Für detaillierte Erklärungen, auch hier nicht aufgeführter Begriffe, möchten wir sie auf die entsprechende Fachliteratur, bzw. Fach-Webseiten verweisen.

9
64
2
019
A